地域で育ち、地域で暮らす を支える 発達支援

〈編著〉社会福祉法人青い鳥 川崎西部地域療育センター

岩崎学術出版社

刊行にあたって

社会福祉法人　青い鳥
川崎西部地域療育センター　センター長
柴田　光規

私たちは“発達支援”を通じて子どもの育ちを支援する素晴らしい機会を与えられています。

みなさんはどのような思いでこの本を手に取ってくれたのでしょうか。子どもたちの成長発達に役立つことをしたいと思う方，子どもと家族の役に立ちたいと思う方，子どもと家族が過ごしやすい地域，社会になるように自分の力を発揮したいと思う方，などなどでしょうか。

私たち社会福祉法人青い鳥や川崎西部地域療育センターにもそのように願う仲間が集まり，日々話し合いを重ね，試行錯誤しながら発達支援を行っています。平成22年に開所した当センターも開所から10年以上が経過しました。これまでを振り返り，これからの道を探るために，令和４年３月に冊子「地域療育実践の手引き」を発行し，お世話になっている地域の機関に配布しました。

冊子を作成する過程は，これまでを見つめ直すよい機会となりました。私たち療育センターのあり方は，子どもたちを取りまく地域社会の変化に大きな影響を受けています。共働き家庭の増加，スマートフォンやタブレットがある生活，社会において発達障害が認知されてきたことなどです。コロナ禍によって支援の形も大きく変わりました。これらを振り返った冊子に目を通してくれた方々から，多くの金言をいただきました。出版について相談してみてはどうかという提案もいただき，岩崎学術出版社や多くの方々の協力を得て今回の機会に至りました。

私たちは子どもと家族それぞれの「人生の物語」に日々触れています。そこで子どもと家族から学んでいます。本書では教科書的な内容ではなく，これまで私たちが出会ってきた子どもや家族との実践が，その温度や手ざわり感とともにみなさまに届けばうれしい限りです。

この冊子を読んでくれるみなさんにも，同僚とともに自分たちの行っていることを振り返っていただけたらと思います。また，読後の感想や振り返りをいつか私たちに教えてください。この冊子が私たちとみなさんがともに学び合い，次なる一歩を踏み出すきっかけになればと願っています。

道なきところに道を

社会福祉法人　青い鳥　理事長
飯田　美紀

この本を手に取ってくださったみなさまへ

この冊子は障害のある子どもたちが地域で育ち，地域でくらすことを支援するためにどうしたら良いかということがまとめられています。根底にある思いは，半世紀以上前に設立された法人の原点から始まっています。当時，全国に子どもを専門に診る医療機関はなく，ましてや発達について継続して相談するところもありませんでした。障害を持って生まれた子どもをどのように育ててよいのか親たちが途方に暮れた時代でした。それがどのようにして今の形に変わってきたのでしょうか。

もともとは昭和35年ころに起こったサリドマイド事件から始まりました。妊娠中の母親が飲んだ薬サリドマイドにより手足に奇形のある子どもたちが生まれたのです。薬害とわかる前，一人の父親が「戦争はまだ終わっていない。生まれた息子に親指がないのは母親が長崎であびた原爆のせいだ」と新聞に投稿しました。これは大いなる誤解ですが，その記事は反響を呼び，同じような障害を持った子どもの親たちが集まり，財団法人である「子どもたちの未来をひらく父母の会」が結成されました。日本で初めての薬害は日本中に衝撃を与え，保護者の思いや行動は全国に子どもたちを救おうという社会運動（青い鳥マッチ運動）に発展しました。スローガンは「小さな炎を大きな光に集めよう」でした。父母の会は「日本にも子ども専門の病院を作るべきだ。それがこうした障害児をもった親の使命ではないか」と動きました。

この青い鳥マッチ運動は，はじめはサリドマイド児のために始まりましたが，その後は障害に関係なくすべての子どもたちのためにと変わっていきました。

当法人は「子どもたちの未来をひらく父母の会」からの寄付金をもとに設立されました。新聞に投稿した父親は法人を設立した飯田進です。このようにして法人は親の思いから始まり，子どもたちの将来に必要とされるものを探し求めてきました。これからも同様です。法人の理念である「道なきところに道を」の下にこの冊子も生まれました。発達支援の場で自分たちは何ができるだろうか，考えながら読んでいただけましたら幸いです。

出版を祝して

川崎西部地域療育センター運営協議会会長　　石渡　和実
（東洋英和女学院大学名誉教授）

世の中は，「発達障害ブーム」などと言われます。これまで「狭間の障害」とか「グレーゾーン」などと呼ばれ，「生きづらさ」を感じざるをえなかった子どもたちへの理解が進んできました。さらに，「発達『障害』でなくなる」などの言葉もしばしば聞かれ，支援も新しい段階に入っています。

そんな向き合い方をするために，恰好の書物が発刊されました。この本には，子どもを１人の人間として尊重し，専門職が家族と協力して，地域でその子ならではの生き方を貫くためのヒントがぎっしり詰まっています。

川崎西部地域療育センターに関わって，いつも感じることがあります。第１に，とにかく利用している子どもと保護者の想いを尊重し，「当事者主体」という姿勢が貫かれていること，第２に，多様な専門職が同じ方向を向いて，一致団結していること，第３に，地域の関係機関との連携が素晴らしいこと，この３点です。子どもと家族の将来までを見据え，センター内の支援だけでなく，保育園や幼稚園，学校，児童相談所などと協力し，地域の人々も巻き込んで，子どもの生き生きとした日々を実現しています。

これは，センターの12年の蓄積だけでなく，運営している「青い鳥」という法人の50年以上の歴史があるからと考えます。長きにわたり，子ども・家族・地域と向き合って試行錯誤を重ね，まさに法人の理念である「道なきところに道を」を実現してきたのです。この本には「実践」の重みが随所に示され，まさにエビデンスに基づく支援の具体例から学ぶことが，分かりやすく，説得力をもって紹介されています。子どもたちのために開発された教材，支援の具体例などが，たくさんの写真や図表で示されています。子どもの支援に関わるすべての人に習得してほしい知識や技術，そして感動までもが満載の書物です。

「子ども・保護者・地域・職員の共鳴」と捉えるセンターのミッション，それを地域の中で紡いできた，それぞれの物語の集大成がこの本だとも言えます。このような理念を，そして具体的なノウハウを，ぜひ全国の関係者に読み込んでほしいと考えます。そして，支援を必要とする子どもと家族が納得できる人生を送り，誰もが輝ける社会の実現をめざして，地域全体で歩んでいくことを願っています。

目　次

序章　地域で親子を支えるために大切にしたいこと

この章では，児童発達支援に限らず対人支援職が忘れないでいたいことを考えます。それは，相手のことを知りたいと思うこと，経過がよくないように見えても細くでもつながり続け一緒に手探りで進んでいくこと，周りを眺めて支援を求めることなど，他にもたくさんあるでしょう。これらを心に留めながら，それぞれの子どもと家族を中心にオーダーメイドで創られる支援を進めていきたいものです。

1．子どもの周りにいる人が連携して育ちやすい環境をつくる

(1) 子どもが過ごしやすい環境を中学生Aさん（女児）の例から考える

筆者が外来診療において周囲の人や環境がつながることでよい支援につながることを実感した中学生のAさんと家族の例を挙げます。

Aさんは小学生時に学校生活で友人とのトラブルが多いお子さんでした。場面を問わず常に不機嫌でイライラしていたことから家族と受診しました。イライラの背景には学習の困難，対人相互交流の希薄さ，限局した興味関心，強い不注意などがみられました。さまざまな情報から自閉スペクトラム症（以下 ASD）と注意欠如・多動症（以下 ADHD），知的に境界域であると診断し，特性や対応と併せて本人と家族に伝え，外来診療を通じて支援していました。受験をして入学した中学校では，家族が教諭と話す機会も多く，Aさんの生活や学習でも適切な配慮と支援を得られているということでした。中学生になって外来を訪れたAさんは小学校時代とは見違えるように生き生きした表情でした。

家族は「この子は環境に守られてとてもいい時間を過ごせています。しかし，この子自身の特性は何も変わっていません。今後この環境がなくなったら大丈夫だろうかという心配はありますが，これからも環境を選んでいけばこのように過ごせるんだ，という気持ちも持っています」と話していました。筆者には，家族が周囲に子どものことを伝えながら，過ごしやすい環境を整えてきたことへの安堵感と，これから先も同じことが続いていくことに向き合う覚悟が感じられました。

家族がした「子どもを守る環境」が気になり，詳しく聞いてみました。子ども同士にトラブルが生じた時には原則として教諭が対応し，後で家族に報告が来るそうです。他の家族とはネット

ワークでつながり，信頼関係を築いているということでした。他の家族とは子どもの間で起こった出来事や，それぞれの子どもの状況を共有し，対処し，その後の状況も共有しているそうです。そこには，絶えず情報や目指すところを共有してチームで対処しようという教諭と家族の姿があるようでした。この学校は教諭の配置も手厚く，学習や運動でも子どもに合わせた指導を考えて，丁寧に教えてくれるそうです。

忘れ物や失くしものの多いAさんがある日，定期券を失くしてしまったことがありました。教諭と家族はAさんの説明を聞いて，対応を見せながら数か所に電話で問い合わせを行いました。バスの中で忘れたことがわかり，預かっているバスの事業所まで教諭と行ったそうです。Aさんは「私はできないことが多いけれど，家族や先生たちみんなが見守ってくれていて，他の人のことはあまり気にならない。とても楽しい」と話していました。家族はAさんの今後の生活に向けて療育手帳の取得を考えました。家族はAさんに，今は過ごせている環境が恵まれていること，しかしこの環境がいつまでも続くとは限らないこと，療育手帳を持つことは今後もこのような環境を手に入れるための一つの手段になりうることを説明し，本人も理解・納得した上で取得したそうです。

誰もがこのような環境を得られるわけではないかもしれません。支援者が子どもと家族が十分に安心して過ごせるほど手厚く寄り添っているこの環境は理想的過ぎるかもしれません。しかし，支援者の数が多いだけで得られるわけではなく，家族と支援者が情報とビジョンを共有し，つながることで作られた環境なのでしょう。Aさんの周りにあるこの“小さな社会”が他の場面へも拡がっていくと，過ごしやすくなる子どもが増えるのではないでしょうか。

子ども時代にAさんのように安心した生活を経験することで，子どもたちは自分の居心地のいい場所や自分らしい生活をイメージすることができるようになることでしょう。情緒の安定はもちろん，今後自分が過ごしたい生活環境をイメージして，それを得るために必要な手段を考えることにつながるでしょう。

（2）子どものメンタルヘルスにとって大切な集団の経験

子どものメンタルヘルスにとって，自分と興味を共有する仲間がいる集団で，まぎれもなく自分が集団の真ん中にいるメンバーである経験をすることが大切です。これは所属意識や自尊心を育むことにもなります。支援者は疾患や障害を医療で治そうという医学モデルの考え方だけでなく，家族とともにその子が過ごしやすい「コミュニティ・場を形成」する場づくりの技術と実践が重要になります。子どもが多様な大人に支えられながら，自分の興味関心に取り組むことやコミュニティに参加することを保証されることがその後の豊かな人生につながります。これは誰にでもできる支援スキルではないかもしれません。得意な人につなぐことでもよいでしょう。

“当事者研究”の第一人者である小児科医で脳性麻痺を持つ熊谷晋一郎先生はその著書の中で，子どものころにどのような支援を受けたかったのかと聞かれ，「子どものころにいろいろなパスウェイがあると知っておきたかった」と書いています。ここで言うパスウェイとはモデルになる人や，選択肢という意味でしょう。障害を持つ子どもたちが生活に苦しくなってしまうのは，自分に合わない環境で過ごさざるを得ないことに加えて，他の選択肢がない，逃げ場がないことに起因することも多いでしょう。子どもが安心したコミュニティでモデルとなる大人や先輩の進路や生活に触れることができると，自分の生き方を考える選択肢が拡がることでしょう。

前述のＡさんのように周囲の支援者がつながって自分に合う環境で育った子どもたちは，困難に直面しても他者との違いを互いに尊重し認めあいながらすごせる力を身につけられるのではないでしょうか。

次に，療育，児童発達支援のこれからを考えるにあたり，歴史を簡単に振り返ります。

2.「療育」・「発達支援」の成り立ちからまなぶ

(1)「療育」とは

「療育」とはなんでしょう。漢字を見ると「療」は医療や治療，「育」は養育や教育の中に入っています。大正から昭和にかけて日本ではじめての肢体不自由児施設である整肢療護園（現在の心身障害児総合医療療育センター）を開設した高木憲次東京大学名誉教授が次のように提唱した概念といわれています。

「現代の科学を総動員して不自由な肢体をできるだけ克服し，それによって幸いにも復活した肢体の能力そのものをできるだけ有効に活用させ，以って自活の途の立つように育成させること」

約100年前に提唱された概念ですが，今見ても新鮮な部分と，今とは異なる部分がありそうです。現代の叡知を最大に活かすこと，自分の持っているものを活かして自立を目指すこと，などは今も通じる考え方でしょう。

一方今日，「不自由な身体の克服」という点については，少し考え方が変わってきたように思います。今は克服を目指すという考えだけでなく，環境を調整することにより不自由があっても幸せに生きられることを目指す考え方が主流になっています。そもそも不自由とは社会や環境が作り出しているから，そこに働きかけようという考え方です。

このように，「療育」とはもともとは肢体不自由を持つ子どもたちの能力を向上させることにより，社会で自立して過ごすことを目標とした治療教育的なチームアプローチをさしていました。

私たち社会福祉法人青い鳥も1966（昭和41）年に財団法人「子どもたちの未来をひらく父母の会」（サリドマイド児の親の団体）からの寄付金を基に，心身障害児の早期発見，早期療育および社会啓発を事業目的として設立された財団法人「神奈川県児童医療福祉財団」が前身となっています。

昭和の後期になり，「療育」の対象は肢体不自由を持つ子どもだけではなく，すべての障害のある子どもへと拡がっていきました。健常を目指して孤独でつらい反復練習をするだけではなく，よき人間関係のネットワークを保つことや子どもに合った正確な情報に辿り着くことなど，医療モデルだけでなく地域における子育ての延長線上としての支援になってきました。青い鳥でも，1985（昭和60）年に横浜市の「障害児地域総合通園施設構想」に基づき，「横浜市南部地域療育センター」が開設され，その後の地域療育センターのさきがけになりました。自分が暮らす身近な地域のネットワークの中で医療と福祉で協働した支援を受けられる基盤ができていきました。

(2)「療育」から「発達支援」へ

平成になり，支援の対象は「障害」や「診断」が確定していない子どもたちにも拡がりました。また「療育」という言葉には能力の改善を目標とするイメージが付きまとうことから，家族への育児支援も含む広い概念としての「発達支援」という言葉が提唱されるようになりました。平成10年代になると，国から発達支援センター構想や「児童発達支援センター」の原型となる「発達支援センター」が提案されました。

この後，「発達支援」は子ども個人だけのことではなく「障害があっても育ちやすい，暮らしやすい地域づくり（地域支援）」まで含んだ概念に発展し，今に至ります。**表1**に児童発達支援分野の団体である全国児童発達支援協議会による「発達支援」の定義を示します。次いで**表2**に社会福祉法人 青い鳥の4つのビジョンを示します。

このようなビジョンは，職場や個人で大事なことを思い出すことに役立ちます。

「子どもと家族の健康・安全・尊厳を重んじる療育を提供します。」

表1　「発達支援」の定義　全国児童発達支援協議会　CDS-Japan

「発達支援」とは，「障害の軽減・改善」という医学モデルの支援にとどまらず，地域・家庭での育ちや暮らしを支援する生活モデルの支援を重要な視点としてもつ概念である。障害が確定した子どもへの「(運動機能や検査上の知的能力の向上などの）障害改善への努力」だけでなく，障害が確定しない段階の子どもも対象として，発達の基盤となる家族への支援や保育所等の地域機関への支援も視野に入れる広い概念であり，「障害のある子ども（またはその可能性のある子ども）が地域で育つ時に生じるさまざまな課題を解決していく努力のすべてで，子どもの自尊心や主体性を育てながら発達上の課題を達成させ，その結果として，成人期に豊かで充実した自分自身のための人生を送ることができる人の育成（狭義の発達支援），障害のある子どもの育児や発達の基盤である家庭生活への支援（家族支援），地域での健やかな育ちと成人期の豊かな生活を保障できる地域の変革（地域支援）を包含した概念」である。

表2　社会福祉法人青い鳥 の方向性を示す4つのビジョン

1．障害児・者が地域で育ち，地域で暮らすことを支援します

2．障害児・者のライフステージに沿った伴走性を重視します

3．質の高い専門的なサービスを提供できる人材を育成します

4．医療と福祉が一体となった卓越した経営を目指します

これは川崎西部地域療育センター基本理念の最初の一文です。（古いやり方かもしれませんが）月の初めに全職員が声に出して確認しています。

発達支援の場では，子どもが一人の人間として大切にされ，健康で安心して過ごせることを大切に考えているということに立ち戻ることができます。子どもたちの目の前に立ちはだかる生活の困難に向き合って対応を考えることはもちろん大切です。子どもたちが健やかに育つとはどういうことか？　私たちにできることは何か？　私たちは何を大切に思っているのか？　日々スタッフで理念や目標を確認，共有，アップデートしていくことで支援が豊かなものになると信じています。

3.「子どもの持つ権利」を発達支援の道しるべにしよう

発達支援とは，多様な発達特性を持つ子どもたちが，生まれながらに持っている権利を知り，それを活かして成長するための支援といえるかもしれません。国連の「子どもの権利に関する条約」の中にすべての子どもたちが保証されるべき大切なビジョンが書かれています。発達特性を持つ子どもたちは，その特性のために誰もが持つ権利が大切にされにくいことがあります。周囲が特性を理解し，社会で活かすための準備が必要です。後の章で述べますが，川崎西部地域療育センターでは子どもの権利について考える委員会を中心に，私たちや社会が行っている「支援」が無意識のうちに子どもたちの権利を蔑ろにしていないかを振り返るようにしています。以下に子どもたちが幸せに生きていくための代表的な権利を記載します。

【生きる権利】

まず，子どもたちはその命が守られる必要があります。子どもたちは食料や温度などが保証された安全な環境で，呼吸や栄養摂取，排せつなどについて適切な医療の支援を受けながら不安なく行えるようにする権利があります。

私たちが発達支援で行う食事や排泄の支援は子どもが生きるために必要なものです。

【育つ権利】

子どもたちは信頼できる大人とともに過ごし，自分が脅かされる状況になったときに自分の感情を表現する権利があります。自分の状況を伝えながら周囲の力を借りて生きていけるように育むことも大切です。

子どもたちが自分に合った教育を受け，自分を表現し，それに周りが応じていけるように，親子の関係性やコミュニケーションに働きかけていく支援はここにつながるでしょう。

【守られる権利】

子どもたちが守られて育つためには，言語非言語的な子どもへの暴力がなくならなければなりません。私たち大人には，状況や言葉の理解が難しい子どもたちがだまされたり，搾取されずに過ごせる社会体制を作る責務があります。

私たちが子どもたちをよく観察し，特性を把握し，それを保護者や子ども自身が知ること，周囲の理解を得ながら虐待や差別なく過ごせるようにすることも大切な発達支援になります。

【参加する権利】

子どもたちが自分の持って生まれた力を伸ばしながら成長するためには，自分の特性や興味関心を知り，それらを活かせる自分に合った環境で過ごすことが必要になります。ここでいう「環境」には物理的な環境だけでなく，自分を見守って伸ばしてくれる家族やコーチ，友人なども含まれます。

自分自身の人生の主人公として意欲を持って社会に参加できるための支援も必要です。

私たちは児童発達支援の場で，子どもたちの運動機能や知的能力が向上することだけを目指しがちです。しかし本当に目指すべきは，発達特性を持つ子どもたちが自分らしく地域社会に参加し，人生を送るための支援です。具体的には，将来的な地域生活を念頭に入れた生活技術の向上や，他者と共に過ごしやすいコミュニケーション能力の向上などです。子どもたちが信頼できる人間関係の中で，自分に合う無理のない方法で成功体験を積み，自信や意欲，自分の人生を自己決定・自己選択する力が育まれることを目指します。児童発達支援とは，子どもと家族が自分たちの将来の生活をイメージしながら，孤立することなく心身とも健康に過ごせるように学び合い伴走（エンパワーメント）することと言えるでしょう。

4.「子どもと家族の願い」からはじめる発達支援

ここからは私たちが実際の支援チームの中で大切にしていることを見ていきます。

（1）子どもと家族の願いや希望を聴取し，大切にする

支援チームの中心にいるのは子どもと家族です。子どもと家族がこれまで抱えてきた思いや願いを中心にして支援を組み立てます。さまざまな思いや勇気を持って，今ここにいることをねぎらいましょう。彼らがこれまで生きてきた世界，みてきた景色を少しでも知りたい，という姿勢で接します。子どもはどんな思いで過ごしているのだろうか？　子どもはどの方向に伸びようとしているのだろうか？　家族は子どもがどのように育ってほしいと願っているのだろうか？　などにアンテナを張ります。

（2）子ども自身の発達特性・身体特性のアセスメント

子どもが持つ特性が生活にどのような影響を与えるかよく観察します。検査によるアセスメントは大いに役立ちますが，それだけでは見えない重要な情報もあります。検査は限られた状況で限られた側面を見ているにすぎず，検査でわかることの限界を意識します。

子どもは置かれた状況によって行動が異なるものです。誰といるのか，どこにいるのか，体調はどうなのか，などによって様子は異なります。子どもの複数の状況での様子を多職種が観察したことはそれぞれが子どもの真実の姿であり，それらを総合してアセスメントします。検査や支援を行う際には，できる限り子どもにも分かるようにそのねらいを説明し，理解と同意を得ながら進めます（インフォームド・アセント）。子どもの理解を得ようと努めることで，子どもは自身が支援の主体であると感じられるようになります。

（3）子どもが過ごす環境（周囲にいる人も含む）のアセスメント

神経発達症（いわゆる発達障害）とは，発達特性の程度が診断基準を満たし，かつ，その特性によって生活に支障が生じたり，周りの配慮がないと支障が生じる状態です。そのため，子どもが過ごす環境のアセスメントは子ども自身の発達特性のアセスメントと同じくらい大切です。

後ほど，環境をアセスメントして調整することにふれます。

（4）発達特性と環境の関係性のアセスメント

(2)(3) でふれた子どもが持つ特性とその周囲の環境は互いに影響しあって，子どもの状態像を形作ります。

多職種チームで得た情報を共有，統合して，発達特性と環境の関係性や互いの「相性」を観察します。特性や環境に関して，優先度が高く急いで関わったほうがいいことは何か，今は待ってもいいことは何か，手を付けやすく，よい変化を生じやすいことは何か，などをアセスメントしつつ支援方針を検討します。

（5）子ども，家族と今後のイメージを共有する

(1)～(4) で組み立てた医学的，福祉的なアセスメント結果を統合し，子どもや家族と共有します。アセスメントは子どもと家族の願いを踏まえて，主役である彼らに役立つものでなければなりません。伝える時に大切なことは，いまここまでやってきたことをねぎらい，彼らがもともと持っている力に気が付いてもらうことです。それを活かして将来に向かう道のりには伴走者がいることも伝えましょう。

(6) 子どもの能力や特性に合った環境を子どもや家族と一緒に考える

子どもと家族の願いを確認しながら，実践可能な無理のないプランを考えます。そのプランに自分たちが伴走することもあれば，地域内の他職種，他機関のネットワークにつなげて伴走者が変わることが適切な場合もあるでしょう。

(7) 子どもを含む家族と関係機関（医療・福祉・教育・保育など）が協力し，プランの検討を繰り返す

完璧なプランはありません。一度決めたことでも随時見直しながら進むことをチーム内で共有し，実践に移ります。その時々で最善の方法を探し，細かな軌道修正を繰り返していきます。こうして丁寧に実践して見直していくプロセス自体が伴走する支援の本質なのでしょう。

支援の渦中にいると，何を目指していたのか分からなくなってしまうことがあるかもしれません。そんな時には，先述した「子どもの持つ権利」を振り返ることも一つの拠り所になるでしょう。他には，困ったら「目の前にいるこの子どもが健康に育つには」と思い出すのもよいでしょう。「健康」とはなんでしょうか？　世界保健機関（WHO）の有名な定義「健康とは，病気でないとか，弱っていないということではなく，肉体的にも，精神的にも，そして社会的にも，すべてが満たされた状態にあることをいいます（日本 WHO 協会訳)」があります。ここではオランダの Machteld Huber（2011）[1] が提唱する「ポジティブヘルス」という言葉を紹介します。Huber は，「健康とは社会的・身体的・感情的問題に直面した時に適応し，本人主導で管理する能力のこと」としています。子どもがさまざまな特性や障害を持ちながらも，自分が持っているものや周囲の人，周りにあるものを活かして，置かれた状況になんとか対応して過ごせる力を育めるようにする考え方です。「健康」をこのようにとらえると支援の方向性が見えてくるのではないでしょうか。

5. 家族への支援――エンパワーメント

(1) 家族の気持ちと親子の関係性　これまでの知見から

発達心理学者の中田洋二郎氏（2018）[2] は「まずは家族の支援から」として以下のように述べています。

『「障害がある子どもの保護者の苦労とその心情を理解し，子どもの成長の喜びを共感し，子育ての工夫と努力を讃えることから始めたい」と考えるようになり，（中略）障害がある子どもの保護者が「親」として育っていくことを支えることが家族支援の第一歩だと考えている。』

家族は，我が子と他の子どもを比較して，このままでいいのか，これからどうしたらいいのか，と不安を持ちやすいものです。支援者に相談した時にこれまでの子育てをねぎらってもらい，子

どもの成長を認めてもらい，対応の助言をもらえるならば，これからへの希望と意欲とエネルギーが湧いてくることでしょう。これは子どもにも大きなよい影響を与えます。まずは，家族の支援から，です。

また，家族は自分たち親子がもともと思い描いていた未来から外れてしまい，社会に受け入れてもらえないのではないか，と孤立感を抱きがちです。相談や受診の前後にはこのような心の揺れはさらに大きくなります。支援者は家族が今までしてきたことを承認し，これからできることがあること，子どもは必ず成長すること，周りには一緒に歩む人がいること，家族が自分のペースで進んでいいことを伝えたいものです。ある家族が，子どもが小さくて関わりがしんどかった時のことを振り返って，「自分たち親子にとって，子どもが小さなときに信頼できる人たちに出会えたことは何にも代えがたい支えになっています」と話していたことを思い出します。

20世紀に活躍した小児科医のウィニコットは，子どもが成長するにあたって，子どもと家族との穏やかな関係性を保つことが大切と言っています。

ウィニコットは子どもの育ちに大切なのはGood Enough Mother（ほどよい母親）である，という言葉を残しました。ウィニコットが母親と言っていることは，現代では保護者は，もしくは養育者は，と言い換えてもよいでしょう。保護者が子どものことをゆったりと待つことができ，子どもが主導で遊ぶことを見守ることができる関係性が子どもの発達に望ましいという意味です。これは今でも発達心理学の中心にある考え方です。

親子間に穏やかな関係性ができると，家族の口から「今までは自分が困って大変だったけれど，一番困っているのは子どもであることが分かった」と語られることがあります。大人が対応に困っている子どもの行動は，実は子どもなりの苦境を何とかしたいという気持ちから生じる対処行動であることが多いものです。

（2）家族を支えるために，支援者が心がけるとよいこと

支援者が自分だけでは支えきれないと感じることもあるでしょう。そんな時は他の人に「パス」を出してつなぎましょう。普段からネットワークづくりを意識して，市町村の担当部署や近隣の児童発達支援事業所などと関係を作っておき，いざというときに紹介しあえるようにしましょう。「お互いさま」の関係が人や地域を育みます。相談に来る親子と支援者も「お互いさま」なのでしょう。

支援者が家族との関りに難しさを感じる場合には，チームでその思いを共有しましょう。関わりが好転したと感じられなくても，家族のことを分かりたい，という思いをチーム内で維持し続けることが大切です。

また，支援者が自分の考えを無意識に強く押し付けてしまっていないかにも注意が必要です。自分だけでこの状態に気が付くことはできません。チームで仲間の助言に耳を傾け，他の人に聞いてもらうことで自分の考え方，感情，現状をモニターするようにします。これは練習すれば上手になるスキルです。互いに助言をしやすいシステムを作りスキルを磨ける「文化」を目指します。

家族と子どもが穏やかに過ごせるように，心身の健康を支援することも私たちの大切な役割です。家族が自分のための時間を作ってもよいこと，困ったことがあれば周囲に相談してもよいことを伝え，それを行いやすくなるように，具体的な制度の利用など手立ての相談にのりましょう。また，家族に簡単なセルフケアの方法を紹介し，一緒に行ってみるなどもよい支援になるでしょう。

6．子どもへの支援――早期から働きかけるとよいこと

子どもの発達支援は子どもの生活支援と言い換えてもよいでしょう。発達特性を持つ子どもが社会で安心して過ごせるように，「食べる」，「寝る」，「排泄する」，「移動する」，「遊ぶ」に代表される生活を支援します。

人の脳には，学習したことが特に身に付きやすい時期（臨界期もしくは感受性期とよばれる）があります。それは感覚の学習，言語の学習，高次脳機能を必要とする学習の順に訪れます。子どもの発達に合わせて早く適切な時期に適切な働きかけを行うことにより，適応的な行動が身に付き，過ごしやすくなります。

特に神経発達症をつ子どもに早い時期から働きかけるとよい，代表的な二つの特性「対人相互交流の意識の薄さ」と「感覚や人への過敏さ」について述べていきます。

(1)「対人相互交流意識の薄さ」への支援

子どもが人に関心を持ったり，人の出すサインに注目することが少ない特性に早期から働きかけることは大変重要です。対人意識が希薄であると，他者の心の理解，象徴機能の理解といった発達にも影響が生じます。子どもから保護者に働きかける力が弱く，親子の相互的な関わりが少なくなります。そうなると子どもが危機に陥った時に家族に助けを求めてしがみつく行動（アタッチメント行動）が表出される時期が遅くなります。発達特性を持つ子どもはアタッチメント行動が出現してもその表現が独特で周囲に伝わりにくく，周囲もほどよく応じることが難しくなります。家族は自身の関わりや子どもの発達に大きな不安を抱きます。アタッチメント行動が出る時期が遅くなること，出し方が分かりにくいことを家族と共有します。家族が遊びを通じて積極的に子どもに関与し，子どもに合わせた関わりを経験する中で，子どもとの相互交流が芽生えることを伝え，それを体験できるように働きかけます。

最近では，２歳前後から子どもが他者に注目を向けられるように働きかける支援プログラムを施行している施設もあります。

家族が子どもと積極的に関わるために，まずは子どもが注意を向けているものに，大人が関心を寄せて合わせる行動をとることを勧めます。大人が指示や誘導をする時間は短くして，子どもに合わせて過ごす時間を作るようにします。子どもと同じことを隣で真似をしてみる，子どもの出す声を真似してみる，子どものしていることを言葉で表現してあげる，などを勧めます。

このように親子が一緒に楽しく過ごし，合わせてもらった経験を持つ子どもは大人に対する安

心感や信頼感が育まれます。共に一つのことに注意を向けて過ごすことから子どもにも模倣や相互作用が生じやすくなります。また，一緒に遊ぶ中で「できた！」という成功体験も共有できることでしょう。家族にとっては子どもの行動や表情をよく観察する機会になるでしょう。子どもにどのように関わったらよいのか分からない家族に対しては，支援者が口頭で説明するだけでなく，実際に子どもと相互の交流が育まれる関わりのモデルを見せていきましょう。また，家族には子どもの観察ポイントを伝え，子どもや家族の小さな変化を伝え返してエンパワーメントすることも忘れないようにします。

子どもたちが特性に合わせてほどよく見守られながら，興味関心の向く好きなことに取り組める経験は，その後の学童期，思春期以降になると余暇活動に発展し，子どもたちの心の支えとなっていきます。

(2)「感覚や人への過敏さ」への支援

続いて，感覚の過敏さも早期からアプローチできるとよい特性です。発達特性を持つ子どもたちは生まれながらの物理的な感覚刺激への過敏性と，人に対する過敏性を持つことが多くみられます。

物理的な過敏性は感覚への没入やこだわり，狭く深い興味として見られます。また，過敏で不快な感覚による不安や恐怖のために強い回避行動をとることもあります。過敏なために日常動作が身につきにくく，いわゆる不器用さから発達性協調運動症の診断がつくほど生活への支障が大きくなることもあります。

人への過敏性は，対人場面で受け取るさまざまな情報が子どもにとっては想像を超える過大で対処しがたい刺激になるものです。その刺激を理解したり処理するために多大なエネルギーを要するため，視線を合わせない，耳をふさぐなどして入ってくる情報を減らすことが見られ，対人交流にも影響が及びます。

このように物理的，対人的な過敏性は子どもの人生の早期から生活のさまざまな場面で困難や苦痛を生じさせる要因となっています。

さらに，子どもが持つ感覚の特性を理解されずに，慣れることを強いられることが続くと，子どもにとってはトラウマ体験になることがあります。後になってとても不快な体験として急に思い出したり（フラッシュバック），それを強いてくる大人との関係性を回避したり，イライラや不安を他の人にぶつけるなどの不適切な対人行動につながることもあります。

物理的な感覚刺激への過敏性に対しては，発達早期から楽しい雰囲気の中で親子一緒に身体を使って色，形，光，揺れ，冷たさなどを無理のない形で経験する感触遊びを工夫します。対人過敏に対しては，子どもの不安がかるくなるように，子どもに分かるように見通しを伝えたり，家族が安定した規則的な関わりを行うなどして情報を整理できるように助言します。

発達早期の段階では，子どもがうまくいく体験を積めるように，大人が先回りして環境を調整して支援することが重要な場合があります。発達特性を持つ子どもは失敗や叱責から省みて学ぶことが苦手です。叱責されただけで終わると，ただ怖い記憶だけが残り，どうしたらよいか分からないままなので次にまた適切でない同じ行動を繰り返し行うでしょう。

家族から，どこまで子どもにやらせるか，どこまで家族がやってあげるほうがいいのか質問されることがよくあります。子どもが自力ではできないが，他者のちょっとした助けがあればできるかもしれないレベルの課題（最近接課題といいます）を支援者とともに探して設定できるとよいでしょう。

最後に，すべての子どもたちに自分は他の誰とも違っていてもいいこと，自分の周りには頼れる人がいると感じて育ってもらいたいものです。また，周りの人たちとともに自分でもやっていけるのではないか，というちょっとした自信や，もっとやってみたいという意欲を持って育ってもらうことも支援の目標にしたいものです。

次章からは当センターでの具体的に意識している取り組みを紹介していきます。

文　献

1）Machteld Huber（2011）How should we define health? British Medical Journal, 2011, Jul. 26: 343.
2）中田洋二郎（2018）発達障害のある子と家族の支援．学研プラス，東京．

第1章　相談からはじまる“チーム支援”で大切にしたいこと

1．アセスメントを行う上での心構え

私たちは，相談者である子どもとその家族，そして家族が生活している地域に働きかけることをソーシャルワークととらえます。その考え方の根っこには，「すべての人は平等」であり，「価値ある存在」であり，「尊厳を有している」という認識が基盤となります。児童発達支援分野においては，各専門の分化が進み，細やかな支援ができるようになってきました。一方，目の前にいる子どもとその家族を「人」という全体的（holistic）な視点を持って接することが忘れ去られがちです。この点を常に意識して相談を進めなければいけません。

相談に来る子どもとその家族には，地域社会において家族ごとに違った生活スタイル「その家族の暮らし方」があります。異なる生活スタイルがあるならば異なるニーズがあることも当然であり，支援者は，常にその家族ごとに支援を考えていく必要があります。また，それらのニーズはそれぞれのライフステージに応じて変化するということの認識が重要です。そこで，それぞれの子どもと家族の願いや生活スタイルを尊重してニーズを適切に把握すること（＝アセスメント）が有用な支援のスタートになります。

2．基本的な初期の対応について

(1) 電話相談

最初の電話が家族との初めての出会いです。多くの場合，家族は受け身の状態にあり，中には“発達支援につながる必要があるかどうかわからないが，仕方なく相談申し込みをする”ということも多くあります。近年は，インターネット上などで発達障害に関する玉石混交の情報があふれています。家族は相談前にそれらの情報に触れていることもあり，相談時には子どもの発達について理解を深めている場合もあります。一方，不適切で過剰な心配や不安に振り回されている場合もあります。これらを想定しながらの電話対応が必要です。

(2) インテーク（初回面談）

子どもの発達の相談は，主に保護者を中心にした面談という形で行われます。インテークは「(相談の) 受理」と訳されますが，単なる事務的な受付ではありません。家族や子ども本人の心配ごと，困りごとの明確化と同時に支援者との信頼関係の形成を目指すものです。

インテーク時には，我が子の発達の遅れや対応に困る行動に関して“改善の見通しが立つのだろうか”という不安に加えて，“この相談機関はどのようなところなのか”“ここの支援者たちはどのように対応してくれるのか”という気持ちを抱えています。保護者が自ら来所したことに敬意を持ち，話を傾聴し，不安を理解しようと努めることから支援を始めます。保護者が漠然とした不安を話せる場になることで，相談事を整理し，心のわだかまりを和らげることにつながっていきます。

また，インテークを通して保護者が持つ相談機関に対する期待を聞き，私たちの考えとの違いがあれば，そこを互いに確認することでその後のズレが生じにくくなります。また，各施設の個人情報保護，秘密保持のルールを相談の早い時期に伝えることも重要です。

1）インテークの手順

相談者と接する時の基本として，相談者それぞれの権利を尊重する視点及び個別化の視点を大切にして，例えば「障害児を育てる家族」という捉え方ではなく，「○○さんという家族」という姿勢で接します。その中で特に，信頼関係を成立させることにも十分に注意を払う必要があります。

また，良い面接にするためには，相談室を清潔にする，適切な温度にするなど環境を快適にする必要があります。子どものための遊具を揃えたり，保護者が座る椅子の配置を工夫したりするなど，話しやすいように配慮します。

インテークの手順と実施時の留意点を以下，【ポイント】と【心構え】に分けて整理しました。

❶ 基本情報，主訴，来所経路，妊娠分娩出生の経過から現在までの状況の把握

ア）相談申し込み電話への対応と，初めての来所に対応することそれぞれの重要性を理解しておく必要があります。

【ポイント】 相談者（家族）は不安感で一杯のなか，電話や来所をするものです。

【心 構 え】 ここでの支援者の対応が相談機関全体のイメージになるため，相談者（家族）が「最初に出会う人」という意識をしっかり持ちます。

イ）自分の価値観を押し付ける対応にならないようにします。

【ポイント】 その家族固有の生活スタイルがあることに留意します。

【心 構 え】 自分の経験や子育て観，人生観は，他の人のそれとは異なるものです。(多くの場合は無意識ではありますが) 考えを押し付けてしまうことで相談者を苦しめてしまうことがあります。一般的な子育て論さえもその家族には当てはまらないこともあり，仲間と話すことなどで自分の考えを客観視することが効果的なこともあります。

ウ）相談者に何回も同じ事を言わせないようにします。

【ポイント】 他の機関でも経過は話しているはずです。

【心 構 え】 これまでの記録からわかることと，直接相談者からあらためて聞きたいことをよく整理して質問をします。

エ）相談者が答えやすいように質問します。

【ポイント】 相談者はとても緊張しているのです。

【心 構 え】 初回面談では，今までの経過，希望すること，住んでいるところ，仕事のことなどを聞きます。ここで聴取した情報から可能な限り家族の状況を把握するのだという意識を持って面談を行います。

オ）信頼関係を築くために意識して丁寧な対応を心がけます。

【ポイント】 信頼関係を一日で築こうと思わないこと，急がないことが大切です。

【心 構 え】 申し込みから面談まで，丁寧に対応することから始めます。
相談者は個人情報の保護や秘密保持がなされていると感じられることで，はじめて信頼して気持ちを打ち明けることができます。
家族自身の問題認識とこれまでの保護者の取り組みを承認します。

カ）相談者の訴えや話す内容を，「自分はこのように理解した」と相手に示して確認します。

【ポイント】 相談者は，相談事を上手に伝えられなかったり，話したことを分かってもらえたのか不安になるものです。

【心 構 え】 話の筋をまとめて反復することや，理解したことを伝えて返してみます。

キ）自分の組織の持つ機能を伝えます。

【ポイント】 相談者は，どのような機関なのかわからないと不安になります。

【心 構 え】 何をしてもらえるのか，いつまで利用できるのか，どんな流れが待っているのかなど不安なことをたくさん持っています。機能や利用の流れを説明することは，事務的な伝達ではなくその不安の軽減が一番の目的となります。併せて費用面の不安軽減も必要なことです。

❷ 相談者の利用意思の確認

ア）相談することに抵抗があったり，モチベーションが低いことがあることに留意します。

【ポイント】 自ら心配して来所した保護者と，他者から相談にいくことを勧められて来所した保護者の思いは異なります。

【心 構 え】 どのような気持ちでも尊重します。保護者の感情や態度を決して「よい，わるい」という審判はしません。一つ一つの言動やこちらに湧いてきた気持ちも支援方針を考えるための重要な情報となります。当然のことながら利用を取りやめたい意思があればそれが尊重されることも伝えます。

イ）誰の意志で相談を申し込んだのかを確認します。

【ポイント】 相談者が自ら調べた，保健師に紹介された，病院の医師に紹介された，幼稚園・保育所・学校に紹介されたなどが考えられます。

【心 構 え】 誰から，どのように紹介されたかによって期待や要望が異なるので，よく聴取するようにします。

ウ）相談者がこの施設に，支援者に何を望んでいるのかを把握します。

【ポイント】 子どもの状態を知りたい，訓練を受けたいなどさまざまな希望があります。

【心 構 え】 治してほしいという願いはどの相談者にも共通であると思われます。その思いを受け止めつつ，障害のある子を育てていく家族を支援することを丁寧に伝え，実践していくことが大切です。

エ）相談者の選択，決定は尊重されます。

【ポイント】 支援機関が提供できるプランと家族の要望が合わないこともあります。

【心 構 え】 相談者の選択や決定が，支援側には最良とは考えにくい，もしくは望ましくないと映る場合もあります。十分に希望やニーズを聞いた上で，適切かつ実行可能と思われることを丁寧に説明します。その場合，あくまでも相談者の承認を得て方針を決めていくプロセスが重要となります。逆に，提供しようと思うプランがその家族にとっては難しくなってしまう場合もあります。家庭の背景や考え方，育児スキルなどを正確にアセスメントし，適切なプランを提案するスキルが求められます。

オ）その他

自分の組織に適切なサービスがないと考えられる場合や，支援することができないと考えられる場合には，他の社会資源を紹介することも大事な支援の一つの形です。

2）特に留意していること――子どもにとっての幸せを常に意識すること

子どもについての相談では，家族の心配や訴えが児童を代弁したものとして扱われがちです。しかしながら，家族の思いが必ずしも子どもの訴えを代弁しているわけではないことを意識しておく必要があります。支援は常に「子どもにとっての幸せ」が第一にされるべきと考えています。そこで，適切な判断をするにあたって留意している点を以下に記載します。

❶ 子どもの障害の程度や状態

医療機関が併設されている地域療育センターでは，言語やコミュニケーションや運動機能のアセスメントを経て，医師が診断を含む状態や方針を伝えます。ソーシャルワーカーは，インテーク時点からのすべての情報を踏まえて現状を把握した上で，初診までの間に提案できる福祉的支援を考えておきます。

❷ 子どもの所属集団での適応状況

家族が子どもの所属機関との連携（＝機関連携）を希望する場合，地域の保育所・幼稚園や学校への巡回訪問支援を提案することもあります。家族が認識している所属集団内での状況と，実際に所属集団が対応で困っていることをそれぞれ把握することで，支援のポイントが明確になることがあります。

❸ 家族のこれまでの取り組み，社会資源の利用状況

家族が持っている思いやこれまでの子育ての工夫に敬意を払い，これまでの経験を活かす形で，自身で前へ進んでいけるように支援します。それを助ける利用可能な社会資源を検討することも必要です。

❹ 家族が子どもの状況をどのように捉えているか

家族が子どもの状況に関して抱えている葛藤や問題点をしっかり把握します。問題点に着目して改善を目指すことだけではなく，むしろその持ち味を見つけて伸ばすことでも子どもが健やかに成長していくことを伝えましょう。

❺ 家族の健康状態を把握する

もともと健康不安を持っている家族もいれば，育児に疲れたと訴える方もいます。家族の健康状態を加味した支援の提案が重要です。

❻ 家族の協力者（親族，友人，隣人）の確認

子どもの養育環境を確認することは大切です。養育の協力者の存在は地域での生活を充実させる上で大きな資源，力となります。育児における家族の心身の健康を保つこと，孤立や不適切養育を防ぐことにもつながります。家庭での養育が困難である場合や養育の協力者がいないと判断される場合は，関係機関と連携しながら支援体制を整えましょう。

3. 家族（保護者・養育者）を支援する

「子育て」と聞くと，家族が子どもを育てる，というイメージを持つことが多いでしょう。子どもを主体と考えてみると，「子育て」とは子ども自らが豊かな人生をおくれるように，家族を含む周囲が手伝っていくこと，といえます。家族は「自分が子どもを育てなければ」と焦ったり辛くなったりしがちです。子どもも家族も「ともに育ちあう」くらいの気持ちが良いと思います。

子どもの「育ち」とは，子どもの「やる気」と「自分が大好き」が育つことです。「やる気」と「自分が大好き」は「自己肯定感」につながり，「自己肯定感」は大人に向けて成長する過程で「社会性」と「生活の質」に大きな影響を与えます。「社会性」は家族や仲間とともに「人の社会で生きていく力」であり，「生活の質」が向上すると人間の健康に欠かせない趣味・仕事・活動などで豊かに過ごせる時間が増えていきます。結果として子どもが非社会的行動に向かいにくくなる。さらに，これらが育つことで，発達の課題から生じる精神疾患などの「二次障害」が生じにくくなります。

「保護者（家族）支援」とは保護者（養育者）が「愛情深く育てることのお手伝い」といえます。児童発達支援（療育）は必ず子育ての枠の中にあるものです。配慮が必要な子どもが育つにはその子に合った「子育ての工夫」が必要で，その工夫を「療育」といってもいいと思います。

「我が子に向けた親の愛しさは大きい」という基本的に保護者が持っている力が，子どもの健やかな成長発達に大変重要であることを常に念頭に置く必要があります。このような保護者の力を活かすための支援をするには「子育て」，「成長・発達」について学ぶ必要があります。

(1)「愛情深く育てることのお手伝い」のポイント１――保護者と支援者の視点の違いを知る

例えば，友達を叩く（他害）ことが起きた時に，保護者も支援者も「なんとかしたい」と考えます。しかしその視点には大きな違いがあります。保護者は「悲しい」「辛い」「困った」などの感情を伴って考えるものです。一方，支援者は少し離れたところから「行動の問題」ととらえて

表1　保護者と支援者の視点の違い

保護者の視点	支援者の視点
治したい	成長させたい
障害はその子の一部分	障害児という全体的な視点
いつも現実を突きつけられる	なるべくやってあげたい
否定したい，つらいと言いたい	一緒にがんばろう

突破口を探します。どちらが正しいか間違っているかではなく，それぞれの視点が違うことを意識して関わることが大切です（**表1**）。

支援者の視点だけで保護者と接すると，保護者は自分の感情に蓋をして，「頑張る親」でなければいけなくなってしまいます。

発達支援に関わる支援者は，「子育ての視点を持っていること」「共感できること」「親が不安や不満が言えること」「気軽に話せること」などをめざすことで，子どもと保護者に合った支援を行うことができるようになるということです。

(2)「愛情深く育てることのお手伝い」のポイント２――「診断」の意味を知る

「診断」には，以下の３つの意味があると考えます。

①「診断」は保護者（養育者）に伝えられ，共有される（「開かれた診断」ともいえます）ことによって，はじめて意味を持つということを忘れてはいけません。保護者に伝えられていない「診断」（支援者の頭の中にだけある，カルテの病名欄に書いてあるが伝えられていないなど）は，意味を持たないものです。

②「診断」は子どもの特性に合った育児のためのツールにならなければなりません。支援者として関わる機関はもちろん，幼稚園・保育所・学校等の保育，教育でも共有され，支援のツールになること。支援のツールにつながらない「診断」も意味を持たないということです。

③「診断」はこれから関わる手法を考える手立ての基になるものでなければなりません。「診断」は子どもと保護者が生きていくために「プラス」になるべきものです。「診断」を伝えられたが，悲嘆するだけでこれからの見通しに役立たない，ということは避けなければなりません。

(3)「愛情深く育てることのお手伝い」のポイント３――これは子どもの個性？それとも発達特性？

人の“個性”と“発達特性”は全くの別物ではありません。子どもが持つ発達特性が医学的な診断基準を満たし，支援がないと生活に支障が生じる状態では診断がつくことがあります。しかし，特性により支障が生じているとしても，それは個性の一部でもあります。その特性は見方を変えることや環境の設定によって，その子らしさを代表する個性となりえます。つまり，個性の一部である特性は治す対象ではありません。保護者や支援者の「お手伝い」は，その特性を知り，それに配慮し，特性を持ちながらも活かせるように関わることです。その子の「いいところ」＝「個性」が伸びることにつながります。この考え方を保護者に伝え，寄り添って工夫を重ねていきましょう。

(4)「愛情深く育てることのお手伝い」のポイント４――保護者の障害の受け止めを知る

これまでに学術的に報告されている代表的な障害受容の理論を理解しておきます。

① 障害受容の段階的モデル（ドローターら）

② 慢性的悲哀説（オーシャンスキー）

③ 悲嘆のプロセス（アルフォンスデーケン神父）

④ 障害受容のらせん型モデル（中田洋二郎）

「障害受容」というと，障害は受け止めなければならない，障害がなくなってほしいという気持ちを持ってはいけない，というように実際に湧いてきてしまう気持ちを抑えなければならないと理解されがちです。最近では，自然に湧いてくる気持ちはそのまま大切に扱われてよいという考えもあり，この言葉を使うことは減っています。実際に保護者と接するときには，障害受容の理論プロセスに無理にあてはめようとしてはいけません。理論は保護者を理解しようとする，対応する時の裏付けと捉えるとよいでしょう。また，保護者の気持ちと支援者の思いがつながるように，信頼関係の構築に留意します。特に診断を告知された直後の保護者と接するときには，発せられることばにとらわれすぎないようにします。ただそこに一緒にいる，寄り添う気持ちで対応することでよいと思います。「次にやることがある」と伝えられるとほんの少し前向きになるかもしれません。

そもそも障害を受容するとはどのようなことなのでしょうか。障害とは受け止めなければならないものなのでしょうか。乗り越えるべきものなのでしょうか。障害がなくなってほしいという気持ちを持ってはいけないのでしょうか。支援者は保護者が子どもの障害を受容することを目標にするよりも，自分に湧いてくる気持ちを大切にして子どもの「その子らしさ」を見つけ，受け止める「お手伝い」をめざすとよいのでしょう。

(5)「愛情深く育てることのお手伝い」のポイント５――常によりよい発達支援をめざして考え方や技術を学ぶ

医学系，福祉系の学会や研修会に参加する，他施設の見学や研修をする，同僚から話を聞く・耳学問をするなど，信頼できる新しい知見に触れるようにしましょう。支援技術や医学的な動向を知っておくと，自信をもって保護者に対応できることにつながります。

(6)「愛情深く育てることのお手伝い」のポイント６――家庭でできる工夫を知っている

発達支援の専門機関のような特別な場所で支援者にしかできないことだけでなく，「それぞれの家庭」や「ふだんの生活」で保護者ができる工夫を伝え，一緒に振り返れるようにしましょう。

(7)「愛情深く育てることのお手伝い」のポイント７――発達支援と養育支援の連携

発達支援を提供することは児童福祉法・発達障害者支援法などにより自治体に義務付けられています。発達支援を適切に進めるにあたり，不適切な子育てに対する養育支援が併せて必要になる家庭もあります。その場合は地域の保健センターや児童相談所，保育所など関係機関と連携・協力しながら子どもに合う支援を行っていく必要があります。

(8)「愛情深く育てることのお手伝い」のポイント８――エビデンス（根拠）に基づかないひとことの影響を意識する

保護者の役に立ちたい気持ちから，良かれと思ってエビデンス（根拠）に基づかないひとことを発してしまうことは誰にでも起こり得ます。何気ないひとことが保護者に想像もできない大きな影響を与えてしまうことがあります（**表２**）。意識して自分自身や同僚とともに保護者との対話を振り返り，支援の質をあげていきましょう。

表２　エビデンスに基づかないひとこととその影響の例

エビデンスに基づかないひとこと	影響例
将来困りますよ	将来という長い期間の不安をあおる
おかあさん，大丈夫ですよ	心配のある親にとっては否定されたと同じ
そのうちできるようになりますよ	成長が遅く毎日裏切られることもある
様子をみましょう	見通し（終わり）のない不安をあおる
おかあさんならできるよ	反論させずに頑張らせる
うちの子の時はこうしたよ	支援者個人の育児感はその家族に合わないこともある

4. 多職種チームで発達と生活を支援する

多様な専門背景を持つ多職種チームが，これまでにふれてきた考え方とスキルを共有しながら発達支援を行っていきます。子どもと家族を主体として目的に向かって進むチームプレーといえるでしょう。さらに子どもと家族の生活の周辺に目を向けると，地域には多くの関係者がいます。同じものを見ているようでも，人によって見ているものは違います。支援者の専門性によっても見えるものや感じ方は違います。多職種チームではこの視点の違いを支援に活かすことができます。チームでは，一人だけではできないことができますが，人が二人以上集まるとさまざまなことが生じます。本章では，誰もがすでに行っているチームでの支援をよりよいものとするために，知っておくとよいことや当センターでの実践例を紹介します。

当センターでチームを構成する専門職は**表3**のとおりです。

（1）チームでの支援

児童発達支援とは，子どもの「生活支援」と言い換えてもいいのかもしれません。

子どもたちが毎日の生活の中で繰り返し行う行動――食べる，寝る，排泄する，移動する，遊ぶなど――を支援するためには他施設，多職種連携による多様な場面でのチーム支援が重要になります。チームのスタッフはそれぞれが自分の専門分野で力を発揮することはもちろん，メンバーが互いの力を発揮して前進できるようにするための「チームスキル」「連携スキル」を身に着

表3　専門職の構成と主な役割・機能

職種名	主な役割・機能	
	診療所で	通園・事業所で
医師	医学的診断，医学的な支援	医療的サポート（基礎疾患やアレルギー対応他）
看護師	診察のサポート，家族の支援	医療的サポート（基礎疾患やアレルギー対応他）
理学療法士	運動機能障害に対するセラピー	移動や姿勢のサポート
作業療法士	摂食の課題，協調運動に対するセラピー	摂食や道具の使い方のサポート
言語聴覚士	主に言語の課題（難聴・吃音・構音）のセラピー	摂食やコミュニケーションのサポート
臨床心理士	発達の評価，発達の支援	プログラムへの助言，学習会など
ソーシャルワーカー	あらゆる相談の窓口，社会福祉制度の紹介と契約の支援，外部機関との連携，保育園・幼稚園・学校訪問など	
保育士 児童指導員	通園や事業所での集団療育（プログラム計画，クラス運営，家族との目標の共有と振り返りなど），関係機関との連携など	

けていくことが大切になります。

スタッフが「各々の高い専門性を前提に」,「目的と情報を共有し」,「役割を分担しつつも互いに連携・補完し合う」ことにより「子どもと家族の状況に適切な支援を提供できるのではないでしょうか。

チームの中心にいるのは，言うまでもなく「子どもと家族」です。チームメンバーには子どもと家族の願いを「きく力」が大切です。また，その願いが反映されるように意思決定プロセスにも加わってもらうことも大切です。願いをきいた上で，各メンバーが子どもと家族をよく観察し，自分の見立てや必要な考えを伝える「伝える力」も求められます。

チーム内の役割分担について考えてみます。今までは「役割分担型チーム（異なる分野の専門家が，役割を明確に分担してチームを作る)」が主流でした。最近では「役割共有型チーム（異なる専門家が相互の役割を理解し，役割に重なりを持たせてチームを作る)」が提唱されています。前者では，支援する側にとっては役割や支援の守備範囲がはっきりして関わりやすい面はあるでしょう。しかしながら，この形では互いの間にすき間ができてしまいがちです。また，複数の視点が重なり合う豊かな支援が生まれにくくなります。チーム内の多職種から学び，できるだけ自分の専門性を広げる気持ちを持ち続けることで，自身やチームの成長につながります。

チームと個人メンバーとの関係性は，「もち型」「おむすび型」と例えられることもあります。いずれもコメが集まってくっつくところは同じです。もちは一つ一つのコメの形はなく融合していますが，おむすびでは一つ一つのコメの形が残りながら，くっついています。もちやおむすびがチーム，コメがそれぞれのチームメンバーとすると，みなさんのチームはどちらのタイプでしょうか。多様な支援者一人一人が自分の専門性を発揮しながらチームで協力して成長するという点では「おむすび型」のイメージがいいのかもしれません。

(2) チームを維持するために留意したいこと

チームのメンバーとリーダーが留意するとよいことを**表4**に記します。

メンバーは互いに忙しい中で時間を共有していることに敬意を払い，別な専門背景をもつ多職種同士として「対等な」関係性をめざしましょう。役職で呼ばず，全員がさん付けで呼ぶなども工夫の一つです。

自分の「ふつう」「当たり前」が相手にとってはそうではないことを思い出します。みんなが違う考えであることがチームの力になります。

他者の視点から学ぶ，教えてもらいたいという姿勢を持ってチームに参加しましょう。逆に，相手は驚くほど自分や自分の専門分野のことを知らないことが多いと思いましょう。自分の考えを背景や文化の異なる相手に伝えるには，一般的な分かりやすい言葉を選ぶことはもちろん，エビデンスや根拠を示すことも有効です。

このように意識して対話を重ねる中で，各メンバーがチームの中で果たす役割が見えてくることでしょう。チームメンバーが「お互いさま」の精神でつながり続けるために，自分が頼まれたことは可能な範囲で引き受け，時には相手に頼み，持ちつ持たれつ支え合える関係をめざしましょう。相手をよく観察して待つこと，少しばかりのおせっかいと，よいものを一緒に楽しく作っ

表4　機能するチームのメンバーとリーダーの役割

メンバー

① チームメンバーは互いに正確な情報を共有しあい，メンバー間で情報の格差を作らないようにします。

② 各メンバーの役割は明確にありながら，重なりを持たせてカバーしあえるようにします。役割が明確なこと，他のメンバーと重なり合いがあることで自発的に動きやすくなります。

③ メンバー間では互いに良いと思ったことを伝え合い，互いに励まし合いましょう。

④ 役割の隙間ができたり，困難にぶつかったりしたときには，各メンバーが「自分はこれならばできる」と提案し合う姿勢を忘れないようにしましょう。

⑤ 自分だけで重いものを抱えないようにします。もし重すぎる場合は，自分のためだけではなく，チーム全体のために，周りに伝えましょう。決して恥ずかしいことではありません。

リーダー

① チームメンバーは目標を忘れやすいものです。リーダーは目標を繰り返し伝え，チームで一緒に目標を把握し続けるように促しましょう。

② リーダーはチームメンバーが互いにフィードバックをできるようなシステム・雰囲気を醸成しましょう。

③ リーダーはチームの進捗状況を常にメンバーに伝え，時には勇気をもって計画を修正しましょう。

ていきたいというマインドを共有したいものです。

前述したマインドに加えて，チームでビジョンとルールを共有し，道に迷わないようにすることが大切です。子どもと家族を多様な視点からアセスメントし，何をめざして支援をしていくのかを定期的にチームで確認・共有して目標への道のりを細かく修正していきましょう。チームでミーティングを行ったら，決定事項や今後の予定を確認することがルールになるとチームでの共有が進むでしょう。今後の予定についてはできるだけ詳しく，だれがいつまでに行うかも決めて共有できるとよいでしょう。

チームで支援を行うには，子どもと家族への直接支援と同等にメンバーをバックアップする役割やチーム間の連絡やつなぎを行う役割にも価値があることをメンバー全員が理解しておきましょう。裏方，黒子の心遣いでチームは機能するのです。連携するメンバー内に安心感が生じ，モチベーションの維持につながります。仲良しチームである必要はなく，目標に向かって歩くチームをめざします。

ファシリテーターをはじめ，連絡やつなぎ役にはそれぞれ適正があるので，自分がどのような役割ができるのかを意識して積極的に参加しましょう。

ミーティングについても少し説明します。ミーティングは複数の職員の時間を使って行われます。時間を決めて無駄に長くならないようにすることはメンバーの負担を減らし，チームを維持するために大切でしょう。そのためには，議題を検討事項，報告事項などに分けて，ミーティングで扱うのは検討事項だけにします。報告事項などは別な時間に各自で確認しておくことにするとよいでしょう。

チームとして方針を決めていく時に，各メンバー間で意見が異なったり，進め方に不満を持つこともあるでしょう。みんなが共有できていなかったり，根拠（エビデンス）がない中で納得を求められたり，自分の考えを聴いてもらえなかったと感じることも一因でしょう。メンバー間で注目する部分が異なったり，視点が異なるのはむしろ当然です。言いにくいことを言わないで「見かけ上の仲良し」になることはチームの成長にとって良くない場合もあります。うまくいっていないと感じた時には，相手の話を「きく力」，自分の考えを背景の違う相手に「伝える力」，チームでともに進んでいこうという考えに立ち戻りましょう。互いの共通点を探して確認することも有効です。どのメンバーも，子どもと家族を中心に支援していこうという気持ちは一緒でしょう。登ろうとしている山は同じで，登り方やルートが違うだけなのです。目標を共有できると見えてくる景色が変わるかもしれません。

このように「きく力」「伝える力」を基本として互いの立場や経験を尊重して話し合いを重ねる「技術」を学んでいきましょう。その先に，チームの成長と多様な視点が反映される豊かなチーム支援が展開されることでしょう。

チームでの支援がうまくいかないと思ったときには「振り回し」や「巻き込み」のメカニズム（分断，スプリッティングともいう）が影響していることがあります。チーム内で，ある人への不満が生じたとします。それに同調する人が出ると，人の好き嫌い，人格の批判，敵味方，という考え方に発展し，チームが分断しバラバラになってしまうものです。不満が生じることはあるでしょう。このようなピンチをチャンスにするのは難しいものです。ヒントになるかもしれないことを挙げます。子どもと家族にとって何が大切か，チームで目標を確認してみましょう。うまくいっていないのは誰かのせいではなく，チームであることを確認しましょう。その上でメンバー全体でチームがうまくいくためにできることを考えてみましょう。これをきっかけにチームが一段成長する機会になるかもしれません。チームメンバーはこのようなメカニズムが生じることがあることを知っておくだけでも随分違うでしょう。

続いて，当センターで行っている多職種チーム支援の実践を記します。

（3）多職種チームによる支援の実践

1）多職種チームによる摂食の支援

この項では，多職種が協力して運営している摂食外来について記載します。

❶ 摂食外来のねらい

以前の摂食指導は，作業療法士が子どもを小集団や個別の摂食場面で観察し，個別に理学療法士や栄養士に助言を求めて支援するスタイルでした。

平成25年６月に大学病院で摂食支援を専門として診療・研究している歯科医師を外来に招聘して，１回／月の摂食外来が始まりました。

当センターの摂食外来がねらいとしていることは大きく２つあります。

１つ目は，咀嚼（かむこと）や嚥下（のみこむこと）に何らかの困難を抱えている子どもの状況に合った食形態（食事の大きさ，硬さ，粘り気など）を確認し，今後の介助方法や支援方法を保護者に伝えることです。

２つ目は，食べることに工夫を必要とする子どもたちの状態を，施設のスタッフが評価し支援するための知識や技術の向上をはかることです。専門医の来所時以外でも，ある程度専門的な指導をできるようになることをめざしています。

❷ 摂食外来での支援

対象とする子どもたちは，摂食嚥下機能（噛んだり飲み込んだりすること）に支援が必要な子どもたちです。身体の発達がゆっくりで筋力や技術の問題で食事に工夫が必要な子ども，偏食やこだわりがあるために食への興味が広がりにくい子どもなど多岐にわたります。摂食支援チームは医師，歯科医師に加え，栄養状態をアドバイスする管理栄養士，手の使い方や道具の使い方を支援する作業療法士，食事時の姿勢や呼吸状態を支援する理学療法士，子どもの全体的な医療的ケアを支援する看護師らによって構成されています。

歯科医師の診察では，まず問診により全身の状態や摂食の問題点を把握します。次に，家で使用している食具で食べる様子を観察し，食形態を確認したり，食事に使う道具のアドバイスを行います。チームスタッフと保護者が子どもの食事場面を一緒に見ながら歯科医師の助言を聞くことで，専門家の見立てや認識を共有することができるようになります。

次に摂食外来を経た後の普段からの具体的な支援について述べていきます。

❸ 子どもの特性と摂食支援

肢体不自由を持つ子どもたちは，筋肉の緊張が強い（体に力が入って硬くなってしまう）ことが多く，呼吸と摂食嚥下がタイミングよく協調して働きにくいこともあり，食事に困難が生じることがあります。このような子どもたちには食形態の工夫に加え，食べる時の姿勢や，椅子の高さと形を工夫することにより，身体がスムーズに働き安定して食事をすることができます。また，さまざまな感覚の過敏さにより顔や口の中にものが触れることが苦手なために噛んだり飲み込んだりが難しくなる子どももいます。このような子どもたちには，感覚の異常を徐々に和らげる（脱感作といいます）ことを目的とした皮膚や筋肉のマッサージが有効です。

ダウン症など全身の運動発達に遅れがある子どもたちは，同年齢の平均的な子どもたちに比べて，歯の生え方など口腔内の発達にも遅れがみられることがあります。そのため，離乳食を同年齢の子どもたちと同じペースで与えると，上手に噛むことやすりつぶすことが難しく，「丸のみ」するなど誤った食べ方が身についてしまいます。一度そうなると噛んだり味わったりする機能が育ちにくいばかりか，未熟な子どもが大きなものを飲み込むことによる窒息の危険があります。また，口の周りや舌の筋肉に適切に力が入りにくいために，スプーンで食べ物を与えても，上唇と下唇をうまく使って食べ物を取り込むことができず，前歯でスプーンから食べ物をひっかけて取り込む子どももいます。このように誤った食べ方が身につかないように，口周囲の筋力の発達に合わせた食形態と食事の与え方が大切です。

❹ 摂食機能の発達と支援

噛んだり飲み込んだりすることに困難を持つ子どもたちが早い段階で摂食外来を受診することによって，乳幼児期の適切な時期に，適切な食べ方を身に着けることができます。適切な食べ方の発達の流れを示します（**図１**）。

食べ物を上唇と下唇によって口の中に摂り込み，それを上下の顎で押しつぶせるようになると，食べ物と唾液が混ざり，飲み込みやすくなります。続いて，舌が横の方に動くことにより食物を

図 1　摂食機能の発達の流れ

臼歯部（奥歯のほう）に運び，顎の運動によってすりつぶすことができるようになります。さらに，自分で食事をすることに向けて食べ物を前歯でかじり取ることや，食事道具を使えるようになります。早期から支援を受けてこのように適切な食べ方をできるようになると，口を閉めて食事をしてこぼしにくくなるなど，より社会的な行動に発達していきます。

3歳のダウン症を持つAさんの例をあげます。運動発達は，手を引くことでなんとか歩くことができる程度でした。言語やコミュニケーションの発達は，単語を話せる程度でした。親子通園クラスで食事の様子を観察すると，家族が心配していた通り，食物をほぼ丸のみしていました。家族は食事をのどに詰まらせることが心配で，離乳食後期から進めることができませんでした。管理栄養士と作業療法士が相談し，Aさんは現在の食事の硬さでは噛んで食べる必要を感じていないために飲み込んでしまうのではないかと推測しました。管理栄養士のアイデアで，食事をテリーヌやミートローフ様の今までよりは均一で硬さのあるものに変更しました。また，作業療法士はAさんが食べ物をかじり取れるような与え方の工夫や，スプーンやフォークを使えるように取り組みました。クラス担任はAさんが水分を飲むときに口唇をうまく使えるようにストローを使って一緒に練習しました。理学療法士は歩行練習や階段昇降などを一緒に練習し，全身の筋力アップから口の筋肉や飲み込む力がパワーアップすることを目指しました。Aさんは今まで経験したことがない食べ物の塊が口に入ることや，それをかじりとることに最初は戸惑いました。徐々に口の真ん中に入った食べ物の塊を自分の指を使って左右に移動させたり，口の中で噛む時間が長くなるなどのよい変化が見られるようになりました。支援開始から半年ほど経つと，手引き歩行だった運動面は独りで歩けるようになりました。歩行量や運動量が増加しました。また，口の使い方がうまくなったことで発音も上手になってきました。食事の形も段階的に変化させて普通食を食べられるようになりました。Aさんにとって食事が楽しい時間になり，食べたいものを言葉で伝えることができるようになっています。

❺ さいごに 「たべることは　いきること」

Aさんの例で分かるように，子どもの食べる機能が成長すると，食形態が変わっていき，安全に食べることができる食品や献立の数が増え，子どもたちにとって「食べることは楽しい」という思いにつながります。さらには他の発達にも大きな影響を与えます。伴走している保護者にとっても子どもの食事への理解と対応が深まり，家庭での食事の時間が楽しみなものになり，食生活が豊かになっていくことでしょう。

2）多職種チームによる医療的ケア児に対する支援

❶ 医療的ケア児の通園支援における看護師の役割

多くの重症心身障害児や医療的ケア児が児童発達支援センターを利用しています。子どもたちが医療的なケアを受けながら安全な状態で発達支援を受けられるように，通園クラスには看護師が配置されています。

子どもたちと保護者が通園療育を利用している間，安心して過ごせるように，子どもの普段の呼吸状態，循環状態を把握しておきます。また，毎日の来所時には保護者から家での様子をよく聞きます。これらを通じて活動中の子どもの体調不良のサインを見逃さないようにします。

このような普段の関わりに加えて，看護師は子どもたち固有の医療的ケアや緊急時対応に責任を持って向き合っています。看護師と通園スタッフが，子どもたちが安全にすごせるためにどのような関わりと準備を行っているのか，以下に記します。

❷ 医療的ケア児，保護者，スタッフが安心でき，そして安全に通園療育で過ごすための準備

事前の準備，確認についての実際の取り組みをいくつかあげます。取り組みの中心にあるのは，実際に経験すること，医療的な知識を学ぶことになります。看護師と通園スタッフとで毎年度の初めに子どもの状態に合わせた緊急時を想定したシミュレーションを丁寧に行います。ここで実際に対応をイメージし，注意点や保護者に確認する点を明らかにします（**図2**）。

次に具体的なシミュレーションについて記します。

年度の初めに「緊急時想定シミュレーション」を行い，緊急時の対応を確認します。このシミュレーションでは，看護師2人と通園スタッフ3人で，気管カニューレの事故抜去を想定して行

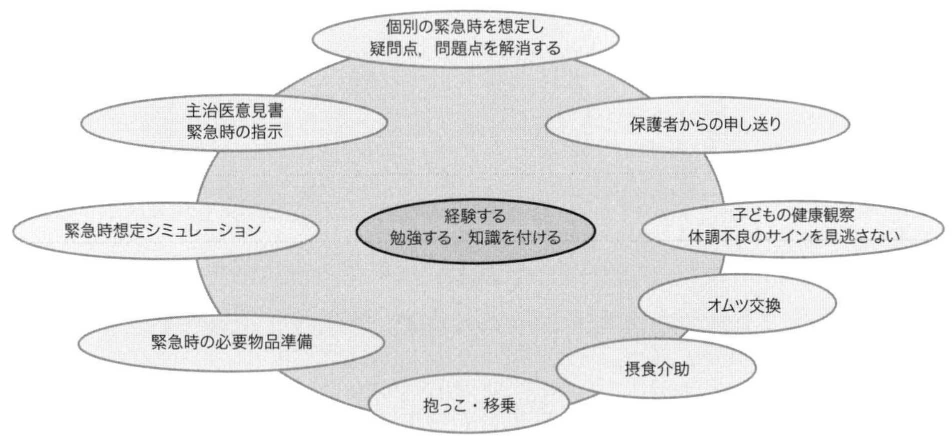

図2

っています。緊急時には頭が真っ白になり，何をしたら良いのかわからなくなりがちです。そうならないように，それぞれの役割を書いたカードを準備し動きの確認を行います。1人の看護師がカニューレ挿入役，別の看護師が挿入介助役になります。通園スタッフは対象児について他の通園スタッフに指示を出すリーダー役，上司や関連部署への連絡役，同室他児を把握す役に分かれ，事故発生から救急搬送までの流れを確認します。

❸ 医療的ケア児が単独通園クラスで支援を受けるまでの準備

当児童発達支援センターでは，原則として学年齢で3歳児までは保護者と一緒の親子通園，4，5歳児は子ども単独での通園としています。

親子通園の時は必要な医療的ケアを保護者とともに行い，不明な点を確認しながら進めていきます。その後も4，5歳児で子ども単独の通園が予定される場合は，この親子通園期間に次年度に向けた準備を開始します。

① まずは療育センターではなく身体面でフォローを受けている病院の主治医に，クラスで行う子どもへの支援について写真入りの資料をみてもらいます。その上で，主治医にはクラスでの支援に子ども単独での全般的な参加が可能か，参加可能な活動や参加不可能な活動について診療情報提供書・意見書などの書面を通じて意見をもらいます。

② 参加の許可が出たならば，医療的ケアに必要な物品を確認し，物品確認票を作成します。また，親子通園の期間中に，前出のように，その子固有の医療的ケアの方法を保護者に確認しています。これは，主治医や子どもの状態によってそれぞれにケアの方法が違うことがあるためです。その子固有の医療的ケアの方法を確認したら，個別に医療的ケアマニュアルを作成し，看護師が入れ替わっても，同じケアが行えるようにしています。

③ 当センターでは，子ども単独でのクラス支援を開始する前には医師が診察を行います。この場では主治医意見書をもとに救急搬送の目安や，緊急時の対応，活動内容の確認を，子ども，保護者，医師，看護師，通園職員が一同に会して行います。

④ 新年度に4歳児クラスになった子どもは，まずは親子での登園を3日間行い，医療的ケアの確認等，クリアできているならば子ども単独での登園が始まります。

看護師や通園スタッフが子どもの抱っこやバギーなどへの移乗，摂食の介助，オムツ交換などに不慣れな時は，謙虚に経験のある職員から学びながら自身の経験を重ねていくことが大切であり，そのための雰囲気作りを心掛けています。

看護師はその専門性や資格が必要な医療的ケアを行うことに加えて，クラスの活動全体に目を向けて，タイミングによっては他のスタッフと協力して摂食介助やオムツ交換も行うようにします。そうするとチーム，クラス運営が円滑に進むようになります。

❹ 医療的ケア児を「チーム」で支援するには

（i）大切な要素

医療的ケア児に対して多職種のチームでよい支援をするにあたり，大切と考えている要素を以下にあげます。

① チームで繰り返し目標を確認，共有すること

② 子どもや保護者に関して得た情報を迅速にチームで共有すること

③ チームメンバーが互いの役割分担や相互の得手不得手を確認すること

さらに，これらを実際に役立つものにするためにチームでカンファレンスの時間を作って上記を確認しています。また，中心となるメンバーは，専門背景が異なる多職種でのカンファレンスやチーム作業が目的に向かって進むようにファシリテーションの技術を学ぶことも大切です。最後に，各スタッフによるアセスメントや個別支援計画などの情報を容易に共有して確認できるような仕組みがあることが大切です。

（ⅱ）ファシリテーターが留意すること

カンファレンスやチーム作業をよい形で進めるために，ファシリテーターが留意するとよいことを記します。

① 子どもを中心にした目標にむかっているか

② メンバーがチーム全体の成果に向けて，率直な意見・違和感の指摘をいつでも，誰もが，気兼ねなく行えるような関係性，雰囲気になっているか（心理的安全性）

これらを自分の専門職種としての役割を全うする気持ち，他職種を理解したい気持ち，よい関係性になるように働きかける気持ち，自らの職種の役割を振り返る気持ちなどを持ちながら過ごせるとよいでしょう。

医療の進歩により命を繋ぎ，医療的ケアを必要とする子どもは今後も増加すると思われます。重症心身障害児，医療的ケア児を大切な一人の子どもとして尊重し，あたたかな多くの支援の中で豊かな子ども時代を過ごしてほしいと願っています。

（ⅲ）多職種による支援の実践例

多職種で協力，役割分担して活動を支えた例を挙げて終わります。

① トランポリンで揺れることが好きなＡさん

Ａさんは気管切開があり，酸素投与が必要です。トランポリンの上で揺れることが大好きです。楽しくなると呼吸がハアハアと早くなり，気管切開部からの分泌物が増えて，苦しくなってしまうことがあります。このトランポリンの活動で保育士は，感覚面の育ちや，遊びを通して気持ちを表現する力を養えるよう発達を促す役割を担います。看護師は呼吸の状態に注意しながら楽しい気持ちよい体験を積めるようにＡさんの順番が来る前に気管内の吸引を行い，酸素を十分に与えて準備をします。活動中には酸素飽和度のモニターから目を離さず，いつでも吸引をできる準備をして見守ります。活動が終わった後は呼吸がハアハア苦しくなるので，気管内にたまった痰を吸引をします。そして，「もっとやりたい！」「もうおわりなのー」というＡさんの嬉しいけど残念そうな表情をチーム全員で確認して終わります。

② 医療的ケアが必要なＢさんの登園の判断

Ｂさんはてんかん持っていて，呼吸の安定のために気管切開をしています。毎日通園することを楽しみにしています。抗てんかん薬を内服していますが，普段でも数カ月に１回けいれんを起こします。昨夜は続けて３回のけいれんがありました。今朝起きてからはいつもと同じ様子に見えますが，経管栄養の胃残はやや多くありました。お母さんは今日登園していいかどうか悩み，療育センターに電話を入れました。療育センターでは看護師，医師，保育士で相談をして，普段と少し違う様子なので，家で状態を見てもらうこと，観察のポイントや病院を受診する目安をお話ししました。子どもと家族にとって通園して楽しい時間を過ごしてもらうことも大切です。一方，今後の人生を考えた時にいつもと体調が違う時に休むことも大切です。保護者から普段のけいれんの程度や覚醒度，栄養の消化状態などを詳細に聞き取っておき，いつもと違う状態の場合に子ども本人が活動に参加できるか，参加させてよいのか，という視点で保護者と決めていくことも看護師やチームメンバーの大切な役割です。

5．支援メンバーの育ちを支える

これまでにも述べてきたように，児童発達支援の現場では多様な専門背景を持つメンバーがチームで子どもと保護者の生活を支援します。

支援の質を向上させるためには支援メンバーが方向性（ビジョン）をよく認識し，共有することが大切です。さらに各メンバーはチームにおける自分の役割を認識し，それを高いレベルで実践できるように学び実践し続ける必要があります。併せて，各メンバーの力がビジョンに向かって適切に活かされるように，チームで互いによい刺激を与え合うことが求められます。ここでは，メンバーが学びあいながら成長していくために大切に考えていることを記していきます。

（1）情報を共有しあう

児童発達支援では多様な職種のメンバーが異なる専門性を持っています。自分が知っていることを相手は知らないかもしれません。自分のふつうは相手にとっては違うかもしれません。メンバー同士の連携はもちろん，子どもや家族の支援においても「報告・連絡・相談」を基本とする対話や連絡帳などを通じた情報共有を行う意識が不可欠です。そのためには普段から互いに適切な接遇やコミュニケーションをはかり，よい関係性を築いておくことが大切なことは言うまでもありません。

メンバーは日々目の前のことに追われて，大きなビジョンは忘れてしまいがちです。リーダーは繰り返しビジョンを伝えて共有をはかるようにしましょう。

（2）役割分担について

支援チーム内の職種や立場によって役割は異なります。役割がはっきりしないと取り組みにくいこともあります。リーダーは定期的な面談を通じて，各メンバーがやりたいと思っていることをよく聞きます。施設の方向性を鑑みて，業務が目で見てわかるようにし（業務細目の整備），各メンバーと役割や到達目標を共有します。定期的な面談を通じて常に進捗状況を確認します。私たちの施設ではリーダーとメンバーが年度の初めに各自の目標を設定し，人事考課と併せて面談を繰り返し，進捗を確認していくシステムを取っています。

メンバーの役割を狭く決めすぎてしまうとその周りのことが見えなくなってしまうことがあります。何よりも，互いの役割の間に隙間ができてしまい支援の質が下がることがあります。助け合う雰囲気が生まれにくくなり，業務負担の不公平感が募ることもあるでしょう。互いの役割分担には重なりを持たせるようにするとよいでしょう。

(3) リーダーはメンバーにチャンスを与え，チャレンジを支える

メンバーが学び，育つためには「実際に自分でやってみること」が何よりも大切です。自分で主体的に体験してみないとわからないことはたくさんあります。チームのリーダーは，メンバーに合わせたチャンスを与えます。メンバーはそれにチャレンジします。失敗することを不安になることもあるでしょう。チャレンジした早い段階からチームで振り返りやフィードバックを行います。小さな失敗があってもそれを活かして修正につなげます。このように周りからフィードバックを受け，協力しながら達成した成長体験はチームにもメンバーの育ちにおいても何よりも大切です（子どもへの支援も同様なところがあります）。

振り返りや修正を行う時には，各メンバーが自分の感じた違和感を話すことができ，周りもそれを聞いて活かすことができる技術が求められます。これを心理的安全性といいます。チームメンバーの仲が良いことは大切ですが，言うべきことを言えることはメンバーやチームの育ちには必要です。これは習得できる技術です。

(4) 対人支援職のしんどさとハラスメントの予防

児童発達支援に携わる私たちは対人支援職です。子どもや保護者の喜び，悲しみ，怒りなどに寄り添い，一緒に生活を共有していく中で自分たちの心が大きく揺さぶられます。

支援を行うに際して唯一の正解はありません。メンバーそれぞれの技術，支援観の違いなどにより，互いの考えが異なり，そのためにしんどくなることもあるでしょう。また，自分がするべきことがたくさんあって余裕がない，体調を崩している，プライベートで心配事を抱えていることもあるでしょう。

これらが重なると，無意識に相手への敬意が不足する言動が生じてしまうこと（ハラスメント）が誰にでも起こりうることを知っておきます。これは相手だけでなく，自分にも，チームにも，最終的には支援を受ける子どもたちにとっても大きな損失になることがあります。

メンバーが安心して働き，成長するためには，定期的な研修などを通じてスタッフがこれらを常に頭に置くことが大切です。

続いて，実際に私たちが行っているメンバーが育つための実践を記します。

(5) 人材育成の実際

1）川崎市内4地域療育センター合同の人材育成

❶ 療育研究大会

川崎市内にある4つの地域療育センターは，運営が3つの法人によってなされていることもあり各施設が独自性をもって児童発達支援に取り組んでいます。その上で，今まで以上に質の高い発達支援・生活モデルを重視した「川崎市の4つの地域療育センター」になるという方向性を共

有することにしました。その実現のために，互いに学び専門性を高め合う中で人材を育成することを考えました。その一つの試みが「療育研究大会」です。

「療育研究大会」は，川崎市内4地域療育センターが合同で年に1回開催します。運営法人の異なる療育センターが，研修を企画したり，普段の児童発達支援の成果発表をしたりします。これらは各施設スタッフにとってのチャレンジの場，スキルアップの場になることを目的として実施しています。

❷ 川崎市内４療育センターと相談部門合同での人材育成研修

市内4地域療育センターの相談部門でも，合同でソーシャルワーカーの人材育成のためのスキルアップ研修を行っています。各施設が合同で人材育成のための課題を挙げ，整理し，研修内容を企画します。研修内容は利用者サービスの向上を中心として内容を掘り下げて決定します。ここでは，スタッフが講師として自分の学びを発信できるようになることも大事なねらいの一つです。研修内容に合わせてスタッフに講師の役割を与え，それを周りは支援します。これにより積んだ自信や経験はスタッフの成長につながります。

この研修企画が始まって数年経ちます。各施設のスタッフが同じ方向を見て，一定水準以上の支援技術を持つようになってきました。どの地域の市民も安心して地域療育センターに相談できる支援体制の一歩になったと感じています。同じ施設内だけではなく，さまざまな施設や個人の考え，強みを相互に認め合い，個人として，あるいは一つの組織として充実した市民サービスにつなげられるよう継続しています。

2）川崎西部地域療育センター地域支援課（相談部門）での取り組み

地域支援課では，利用者の話を傾聴できること，家族とともに考えること，新たなサービスを提案・実行できること，後輩を育成できること，講師として話ができることなど，スタッフが経験に応じて資質を向上できるように研修を行っています。

年度の初めに地域支援課全スタッフで行っている研修の概要を記載します。

① 川崎市の療育と地域療育センターの概要と役割の理解
② 社会福祉法人 青い鳥・川崎西部地域療育センター・地域支援課それぞれの理念と方針の理解
③ 地域支援課業務概要と業務細目の理解
④ 業務マニュアルの確認
⑤ 人材育成研修

人材育成研修では，「個人の目標設定の立て方」「個人情報と情報セキュリティについて」「接遇について」「児童虐待について」「ハラスメントについて」を毎年必ず取り上げています。そこに加えて，各スタッフがテーマを持ち寄り，自身が研修講師を務めスキルアップを図ります（例：「リアルニーズについて」，「アンガーマネージメントについて」，「診断について」など）。

こうして新たな年度の始まりに理念や方針を確認することで，スタッフが同じ方向を見据えてスタートが切れます。

3）ハラスメント防止の取り組み

職場内ハラスメントはスタッフの心身の健康や命を脅かすこともあるものです。すべてのスタ

表５　川崎西部地域療育センターハラスメント防止行動指針
――すべての人が尊重されて，すべての人が働きやすい職場にするために

１，お互いの人格を尊重しあい，すべての人々が気持ちよく仕事ができる環境作りに努める

２，お互いは大切なパートナーであるという意識をしっかり持ち，支え合う関係作りに努める

３，相手を傷つけるような言葉・態度は「しない，させない」という姿勢で取り組む

４，考え方の違いを尊重し，「お互いの意見を丁寧に聞き，話す」ことが，大切にされる職場にする

５，お互いにあいさつを気持ちよく交わし，誰もが安心して話せて，関わりあえる職場にする

ッフは人格が尊重され，安心して仕事ができる環境が保障されなければいけません。

私たちはよりよい支援を行えるようにチームを組みます。チームの仲間同士で人格を尊重し，信頼関係の中で自分の知識や意見を言い合える職場作りが大切だと考えています。ここで大切なのは，どんなに気を付けていても，私もあなたもハラスメントをしてしまう可能性がある，と自分事として考えて取り組むことです。

川崎西部地域療育センターでは，独自のハラスメント防止行動指針（**表５**）を作成し，年に１回は研修を行っています。

【一人ひとりの心がけ】

・気になる言動があった場合にはその場で「その言葉はちょっと強かったんじゃない？」などとお互いに指摘し合える職場にしよう

【相談する】

・気になる言動を目にした，自分が受けた場合，一人で抱えることなく同僚に話す，主任・管理職に相談する

【相談事案への取り組み】

・相手の人格を傷つける言動に対して，許さないという強い姿勢で対応する
・速やかに事実関係を把握した上で，改善に向けた指導を行う

「ハラスメント」「接遇」についての研修後に職員アンケートを実施しました。回答が多かった内容を抜粋します。

Q　ハラスメントがない職場にするために日頃から気を付けていることはありますか。

・丁寧な言葉使い・挨拶　の２点が大多数でした。その他には，
・感謝の気持ちを伝える
・誰に対しても同じように丁寧な態度で接する
・相手の立場に立って考える
・自分が言われて嫌な態度や言い方はしない

・自分の言動がハラスメントにあたらないか意識する
・相談しやすい雰囲気作り
・ハラスメントは許さない態度　などが書かれていました。

ハラスメントを自分事として，このように考えたり常に振り返ったりすることが大切だろうと思います。

Q　接遇（利用者対応）について日頃から心掛けていることがありますか。

・笑顔・丁寧な言葉使い・挨拶・身だしなみ，清潔さに気を付ける　の４点が大多数でした。
その他には，
・マスクをしていても笑顔がわかるように心掛ける
・利用者に緊張感を与えないようにする
・利用者の話をしっかり聞く
・ゆっくり丁寧に話す
・初めての利用者やお困りの方には率先して声をかける
・自分が利用者だったら職員にどう対応してほしいか考えて行動する
・療育センターのイメージを自分が作っていると意識している
などが書かれていました。

常日頃，「ハラスメント」「接遇」については意識しながら職員全体が業務に取り組んでいます。しかし，業務が忙しくなると，意識が薄くなってしまうことも事実です。年１回ではありますが「ハラスメント」「接遇」研修を行い，その後アンケートを記入することで職員一人ひとりの中で見直す機会につながっていると思います。

第２章　子どもの生活・権利を守るために

子どもの健やかな成長においては，安心・安全に過ごせる環境を整えていくことが必要不可欠です。この育ちの環境を整えることは大人の義務であり，発達特性のある子どもたちの環境を整えることは私たち地域療育センターの使命でもあります。子どもに関わるすべての機関は，常にアンテナを張って密に連携を取りながら組織的に取り組んでいくことが求められています。

1．当センターにおける子どもの権利擁護への取り組み

私たちスタッフは，利用者との関わりの中で常に子どもの権利擁護を意識した支援を行わなければなりません。しかし，忙しい業務に追われる中で，その意識が薄くなることがあります。子どもや家族への対応など，日常的に行っていることが不適切であっても気づけない，もしくは気づいたスタッフがいても声をあげられない環境になってしまってはいけません。そこで私たちは，常に権利擁護を意識した支援を行えるよう「子どもの権利について考える委員会」を立ち上げました。この委員会は，全スタッフが子どもの権利，保護者の権利を擁護することを自分事として常に意識できるような仕組みづくりをめざすものです。具体的には，スタッフが子どもや家族との関りを自ら振り返り見直すことができるようなチェックシートの作成や，委員会による研修を企画し利用者の尊厳を守ろうと取り組んできました。

また，家族等による児童虐待への対応が社会的な課題になりつつある状況を踏まえ，虐待と判断される前の不適切な養育が疑われる段階から介入することが必要だと考えています。そこで，日々の相談支援活動の中から情報の収集とアセスメントに努め，不適切な養育の防止を図るよう取り組んできました。

児童の権利に関する条約第12条には，「児童が自己の意見を表明する権利を確保すること」，「児童の意見は年齢及び成熟度に従って相応に考慮されるものとすること」，「児童は司法上及び行政上の手続において直接に又は代理人若しくは適当な団体を通じて聴取される機会を与えられること」が定められています。他にも児童の権利擁護を目的とした児童福祉法や児童虐待防止法等に定められている規定について，全職員がよく理解しておく必要があります。地域療育センターとしてはこれらを理解した上で，児童福祉施設としての役割を積極的に果たしていきたいと考えています。

（1）子どもの権利について考える委員会

1）目　的

子どもの権利擁護について，スタッフ一人ひとりが日々の業務の中でアンテナを張り，権利を守る意識を高め，子どもと家族を支援するための方法を話し合えるよう，委員会活動をとおして職員全体に発信していくことを目的としています。

2）具体的なねらい

ねらいの一つめは，全スタッフが子どもの権利擁護に関する意識と知識を深め，適切なリスクアセスメントをできるように委員会が中心となって発信することです。

子どもの権利擁護，安全確保と虐待予防等の必要性について職員の理解を深め，子どもと保護者の状況を客観的に判断する視点を持つことで，適切なリスクアセスメントにつなげます。

二つめは，子どもが安全に育つために組織としてできることについて職員が認識を共有し，実践することです。

組織的に対応することを職員が共通して知っておくことで，個々の職員の心理的負担が軽減され，不適切な養育について普段から話題にしやすい雰囲気が作られます。

三つめは，地域全体で子どもの安全が保障され，不適切養育予防の視点を持った児童発達支援を提供できるようにしていくことです。

地域の関係機関と連携する中で，地域療育センターが単独で果たす役割や他機関と協働して養育，児童発達支援を行う中で担う役割を確認していきます。

3）施設内の課題の選定と研修

委員会では，日々の児童発達支援においてスタッフが感じていることについて意見交換を行います。スタッフの利用者への接し方は適切か，子どもや家族の心身を傷つける言動になっていないか，個人情報の取り扱いにより利用者の権利が侵害されていないかなどさまざまな意見が出されます。その中で全体共有が必要なテーマに関しては，一年に一回必ず全体研修を行っています。

表１　これまでの職員全体研修テーマ

年　度	研修テーマ	講　師
平成29年	子どもの権利について考える	子どものこころクリニック　専門医
平成30年	川崎市子どもの権利条例の理解と業務への意識	川崎市こども未来局青少年支援室子ども権利担当
令和１年	機関がすべき児童虐待の予防 療育を適切に行うには	地域支援課職員 大学教授
令和２年	オープンダイアローグ	子どもの権利について考える委員会
令和３年	身体介助について	地域支援課職員

例として，令和3年度は「身体的介助」をテーマとした研修を行いました。「身体的介助」とは何か，子どもと関わる中で安全の確保や発達促進のために身体的介助が必要となるのはどのような場合か，日々の関わりを振り返りその対応は適切か，子どもの権利を侵害していないかなど，考え方の原則を全職員で確認する機会となりました。

これまでの職員全体研修のテーマは，**表1**のとおりです。

4）セルフチェックリストについて

スタッフが自ら適切な態度と姿勢で利用者対応，発達支援をできているか，自分の身なりや振る舞いを振り返ることができるようにセルフチェックリストを作成しました。

チェックリストの項目はスタッフの意見を吸い上げて委員会で決定し，現在は全スタッフが毎年一回チェックリストをつけながら，振り返り見直す機会としています。

2．児童虐待防止の取り組み

設備運営基準の改定に伴い，令和4年度から各事業所は利用者の虐待の防止をさらに推進するため，その対策を検討する委員会の開催と検討結果の従業者への周知徹底，担当者の設置，従業者に対する研修の実施等が義務付けられました。そこで，川崎西部地域療育センター（以下「当センター」という）ではこれまで実施してきた不適切養育防止委員会の要綱を見直し，令和3年12月より虐待防止委員会に名称を変更するとともに，新たに身体拘束適正化委員会を設置するなど必要な対応を進めました。

ここでは，令和3年までに実施した不適切養育防止委員会（現児童虐待防止委員会）の活動をもとに報告及び説明をします。

（1）児童虐待防止委員会（以下CAPとする）について

CAPとは，Child Abuse Prevention（児童虐待防止）の略語です。

子どもに対して家族や周りで関わる人たちの不適切な養育が疑われる場合には，組織として迅速に情報を共有し，行政に通告することを含む対策を講じる義務があります。当センターのCAPは，スタッフが不適切な養育に気が付いた時に躊躇することなくそこに報告し，話し合われる仕組みとなっています。スタッフが一人で不安と責任を抱えることなく組織として対応を検討し子どもの安全を確保するとともに，地域で見守るネットワークである地域みまもり支援センター[注1)]や児童相談所へつなぐことで，子どもへの不適切養育の防止を図っています。

CAPを構成している主なメンバーは，報告職員（発見者）・所長・各課長・各課主任・地区担

注1）地域みまもり支援センター：川崎市全7区に設置された福祉事務所と保健所支所の統合組織で，保健師・栄養士・社会福祉職などの専門職がその専門性を活かしながら，高齢者，障害者，子どもや子育て中の親など，すべての市民が安心して暮らし続けることができるよう，家族に寄り添い，相談に乗るところです。そのため，地域みまもり支援センターは地域療育センターが密接に連携を図っている重要な機関の一つです。

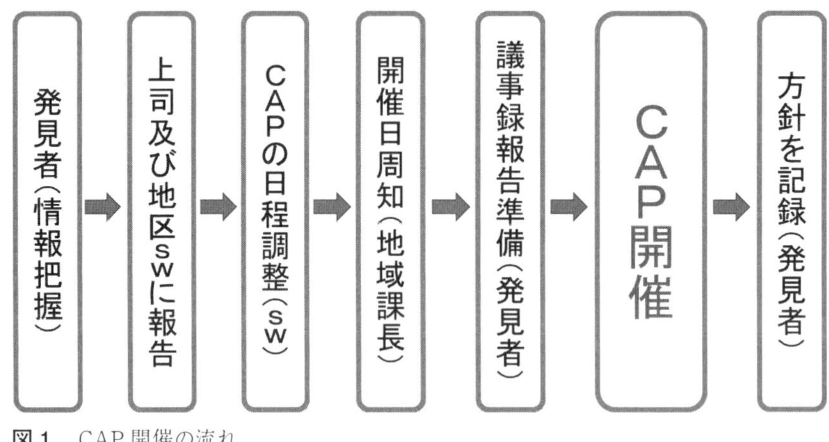

図 1　CAP 開催の流れ

当ソーシャルワーカー・その他関わりのある職員などで構成しています。また，開催は定期的なものだけでなく，状況によっては緊急に開催します。

（2）CAP 開催の流れ

CAP を開催する際の基本的な流れは**図 1** のようになります。

現場で気になる状態を見聞きした発見者が上司に相談します。その後，地域支援課のソーシャルワーカーが開催日時の調整を行います。緊急な対応を要すると判断した場合には，即時招集をかけて実施します。

（3）CAP が目的とすること

・子どもや家族の SOS 徴候や情報を「組織として」受け止めることができること。
・不適切養育に対して，「組織としての責任」を持ち迅速に対応できること。
・委員会の話し合いを通じて，子どもが安全に育つための家族支援や地域における環境作りについてスタッフの意識が向上すること。
・子どもの権利擁護に関するスタッフの知識が向上すること。
・組織として児童相談所や地域みまもり支援センター（保健所，福祉事務所）との具体的なやりとりが生じ，密な地域支援ネットワークを構築しやすくなること。

CAP は虐待やその疑いがある場合だけではなく，家族の育児不安や生活面での不安など，あらゆる視点から子どもの安全についてスタッフが気になったこと，気付いたことを挙げることができる委員会です。

スタッフが育児に不安を抱えているハイリスク状態の保護者に気付き，委員会を経て相談場所として区の地域みまもり支援センターに報告，紹介することは多くあります。その結果，家族にとって身近に相談できる窓口が増え安心して子育てできるようになることもあります。また，地

表2 CAPの効果

1．担当者の気持ちが楽になる。（委員会という総意で動いています。）
2．委員からの多様な意見で検討されるので判断が偏らない。
3．予防する観点と疑う観点の違いに気付く。
4．予防する手立てを早めに発見できる。（見守りでも日々丁寧に接するようになる）
5．虐待や虐待予防、ＤＶなどの理解への意識が高まる。

域みまもり支援センターが地域の機関からの報告や紹介を集約することで，虐待防止が図れることも少なくありません。

あらためてCAPの効果をまとめて**表2**に記載します。

（4）予防的視点からのCAP活用の重要性

子どもへの虐待は特別な家庭にだけ生じるわけではありません。対応するスタッフはどの家庭にも起こりうるものとして捉え，常にそのリスクを意識しておく必要があります。そのためには，何が虐待に該当するのか，何が子どもの権利を侵害することなのかの知識を持って委員会で話し合い，集積していくことが大切です。実際には多くの事例について知識と経験を持った数人のメンバーを中心に検討していきます。委員会に参加しているスタッフにとっては，日々の関りの中での些細な子どもの様子の変化や家族の言動への気づきが高まるなど資質向上の場ともなっています。検討の結果に基づいて児童相談所や地域みまもり支援センターにそれらをすぐに発信するなど，虐待を未然に防ぐことにつなげています。大切にしていることは，少しでも子どもや家族の気になる言動があったらCAPで相談できるような敷居の低さと，委員会の意味合いを職員がしっかりと認識できていることです。

（5）これまでCAPにあがった事例（一部）

① 待合室で家族が子どもを叩く姿をスタッフが目撃した事例
② スタッフとの面接の中で，家族から「子どもに手をあげてしまう」「夫婦喧嘩が絶えない」「子どもだけで留守番させている」などの発言があった事例
③ 子どもの体に痣があるのをスタッフが発見した事例

大切なのは「虐待の発見」だけでなく，虐待に至る前の「予防」に重点を置くことです。また，スタッフや組織が虐待の診断や審判をする必要はなく，通告が支援のきっかけにつながるという意識を持つことです。**表3**にCAPの基本的な役割について記載します。

表3　CAPの基本的な役割

1．責任は委員会にある。（担当者や通報者ではない）
2．決定は委員会がする。（すべての対応は個人が決めるのではなく委員会として決定する）
3．対応は委員会がする。（担当者が一人で対応しているわけではない）

表4　川崎西部地域療育センターにおけるCAP支援方針

（方針区分）	（具体的な内容）
① 所内情報共有及び継続把握	虐待の予兆が認められる場合
② 要対協見守り	すでに要保護児童対策地域協議会（要対協）にて支援されており，継続して行政主導で支援されている場合
③ 区役所への情報提供	保健師やソーシャルワーカーに情報提供し，把握もしくは療育センターと共同で支援が必要な場合
④ 児童相談所への情報提供	これまでも児童相談所との関りがある，また，家族で，児童相談所と地域療育センターが共同で支援が必要な場合
⑤ 児童相談所への通告	緊急性があると判断された場合や児童相談所の介入が必要と思われる場合

※ 統計上の区分です。
　実際には誰がどのように関係機関に情報提供するか具体的に検討します。
※ ②は，区役所の地域みまもり支援センターへの情報提供です。

（6）CAPで決める施設としての方針

CAPで出した方針は，施設（組織）としての決定であるため，決して個人の判断で方針を出しているわけではないところが肝心です。特定のスタッフに責任を負わせないこと，関係機関に対して組織での決定であることを意識してもらい，地域での見守り体制を強化し密な連携を図ることを目的としています。

1）CAP後の地域みまもり支援センターとの連携

地域みまもり支援センターに情報提供する場合は，主に地区担当の保健師に連絡します。発見時の状況をソーシャルワーカーもしくは発見者が報告し，当該支援センター内で方針を検討することになります。方針決定後の連絡を受けて，当療育センターとしての子どもや家族に対して果たす役割を再度確認します。一度のやりとりで終了ではなく，その後も継続的に連携を図り，子どもの安全や家族状況を把握していくことが必要になることが多くあります。

2）CAP後の児童相談所との連携

CAPでの検討の結果，当療育センターから児童相談所に通告する場合は，会議後速やかにソーシャルワーカーが連絡を行います。児童相談所への連絡後，あらためて通告書を用いて書面で報告することもあります。その後も児童相談所と緊密に情報共有や役割の確認を行い，子どもの安全把握に努めます。

児童相談所からケア会議への出席要請があれば必ず参加し，関連他機関と情報共有を図り，子どもと家族支援の役割について確認しています。

（7）支援者として理解しておきたいこと

1）児童虐待の発見と予防（予防的視点の重要性）

子どもや家族の様子を見て「ん？ これは？」という虐待の“気づき”（発見）には，さまざまな虐待種別の態様や危険度，子どもに及ぼす影響，さらには家族の育児不安や精神的な疾患に基づく行動パターンなど基本的な理解が必要になります。これらを理解できるようになると併せて虐待予防のための意識も高まってきます。療育機関としては虐待予防への感度を高め，家族の不安や悩みに寄り添い，適切な養育につなげるための支援が必要です。また，「虐待と決めつけるのは相手に失礼だ」，「あの保護者に限って」というような思い込みや偏見が目を曇らせることがあることを知っておくことも重要です。「通告は支援のきっかけ」という考えが重要であると同様に，CAP で検討するのも支援のきっかけとなります。責める，罰することが第一の目的ではなく，子どもを守る予防のためであることを忘れてはなりません。

虐待の定義〈maltreatment 不適切な関係〉

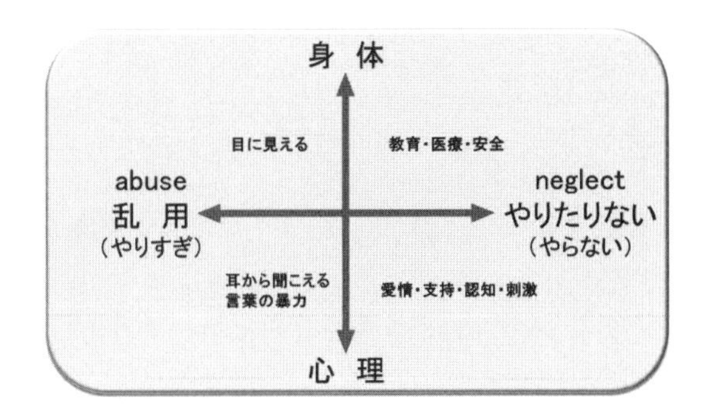

◆身体的虐待

外傷の残る暴行：打撲傷，内出血，骨折，頭部外傷，刺傷，火傷など

生命に危険のある暴行：首を絞める，布団蒸し，おぼれさせる，逆さづり，薬物を飲ませる，食事を与えない，戸外に出す，一室に拘禁する，病院に連れて行かない

◆ネグレクト

保護の怠慢・拒否：遺棄（捨て子），不潔，栄養不良，病気の発生，学校に行かせない

◆性的虐待

近親相姦，性的暴行，見せるのも虐待

◆心理的虐待

心理的外傷：不安，おびえ，うつ状態，無感動・無反応，強い攻撃性，習癖異常

図2　虐待の一般的な定義（著者作成）

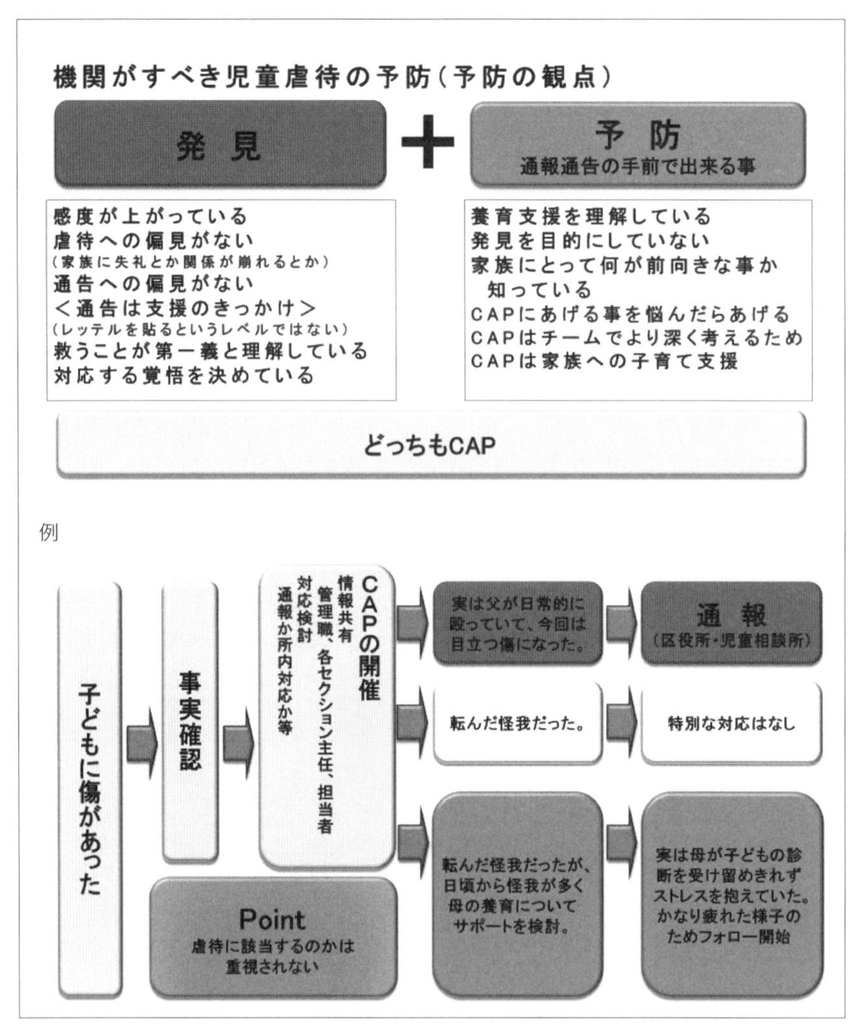

図 3　予防の観点

図 3 のように，虐待を発見するといった視点だけではなく，疑問に感じたことを「発信することが虐待の予防に繋がる」という視点が必要です。虐待かそうではないかといった判断は CAP で話し合い，さまざまな視点から意見を出し，個人の偏った視点だけでない支援方針を出すことが重要です。

2）情報収集と情報整理について

不適切養育が疑われる場合，家族に事実確認することはとても難しいことです。そこに関わる支援者は，「子どもを守る」という信念を持っていることが求められます。訊きづらいから訊けない，あるいは時間が経過してしまったというようなことがないようにしなければなりません。訊きづらさを軽減させるためのポイントは「信頼関係」にあります。関わった子どもと家族に信頼関係が築けるように出会いのときからの丁寧な関係構築が必要です。不適切養育から子どもを守ることは「保護者を守る」ことでもあります。

また，収集した情報の中から必要な情報を見極められるよう，重要な項目別に整理しておくこ

表5　情報収集と情報整理のポイント

1．怪我の程度の判断
2．写真撮影
3．事実確認（できたら）
4．家族背景（夫婦間の問題，親の病気，妊娠など）
5．養育環境の変化（就労，近隣との関係，経済状況，未就労など）
6．子どもの状態（障害状況，日常の変化等）
7．日中活動の場での様子（出席日数，幼稚園・保育所・小学校での様子など）
8．今までのこと（予防接種の状態，特記事項など）
9．チェックリストの使用（川崎市作成の改良版）

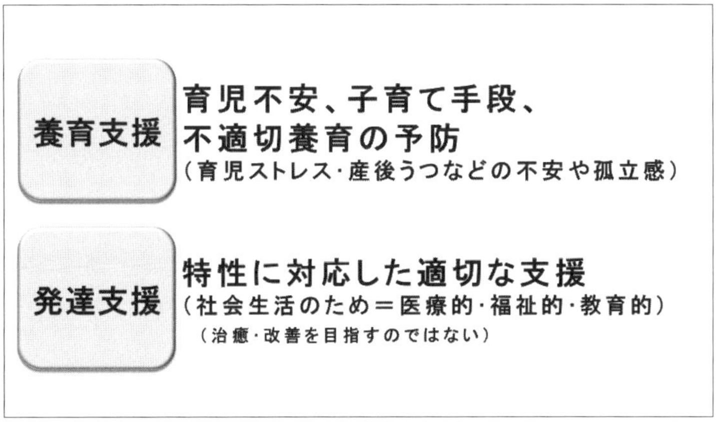

養育支援
育児不安、子育て手段、
不適切養育の予防
（育児ストレス・産後うつなどの不安や孤立感）

発達支援
特性に対応した適切な支援
（社会生活のため＝医療的・福祉的・教育的）
（治癒・改善を目指すのではない）

図4　養育支援と発達支援の役割

とが必要となります。当センターでは**表5**に示すように情報を収集する際の内容とポイントを整理して，適切な情報が獲得できるようにしています。

3）各機関の役割を知る

子どもと家族の支援には「養育支援」と「発達支援」があります（**図4**）。両者を分けがたい場合もありますが，育児不安や子育て方法の悩みなどに対する相談や不適切養育の予防などは養育支援です。養育支援は発達の特性の有無に関わらず，すべての子が対象となり，相談先としては主に保健センターの保健師になります。また，発達支援は，社会生活のために医療的・福祉的・教育的な専門性をもとに，児童それぞれの特性に対応しながら発達上の変化を目的とした適切な支援を行うものです。主に地域療育センターなどが相談先になります。地域の支援機関の対象や役割・支援アプローチの方法など，関係機関と連携して不適切養育防止にあたる観点から，それぞれの機関の特性に応じた役割や機能を互いに確認し，理解しておくことが大切です。

4）不適切養育防止のための基礎知識

❶ 家族が子どもの障害に向き合う基本的プロセスを知る

家族が我が子の障害や診断に向き合うプロセスは，それぞれの家族により異なります。私たち支援者はそれらを理解することは困難ですが，寄り添って知ろうと努めることそのものが支援になります。また，先人の代表的な理論を学ぶことは，自分なりの「型」を作る過程で役に立つでしょう。

❷ 子どもの定型的・標準的な発達を知る

定型的な身体の成長や心の発育の過程を正しく理解して，定期的にチェックすることにより子どもの成長の異変に気付くことができるかもしれません。成長には「個性」「個人差」があることを念頭に置くことが大切です。

❸ 子育ての大変さを知る

子どもは，かわいらしい天使のように見える時もあれば，大人の苛立ちを誘うこともあります。大人は子どもや自分の関わりに対して不安や悩みを持ち，時には恐怖さえ抱き，大きく心が揺さぶられることもあるでしょう。いろんなことが生じるのが子育てです。そしてその家族，その養育者によって，その感じ方や表現が異なります。支援者は自分の理想を押し付けることなく，その家族の子育て観を探りながら丁寧に対応していく必要があります。

❹ 愛着（アタッチメント）障害を理解する

愛着（アタッチメント）障害とは，子どもがピンチに陥ったときに，愛着の対象となる人に助けをもとめてしがみつくことができない状態のことをいいます。親が子どもに愛着を持って接しているかどうかの話ではありません。乳幼児期から適切な環境で育児がなされないことによって子どもは困ったときに適切な方法で周りに頼ることができなくなるのです。

「甘えたい」「抱っこしてほしい」などの気持ちを抑制してしまう，自分の親に対しても警戒心を抱き心を許すことがない，目を合わせない，本当は甘えたいけど怒らせるような行動をとるなどは，「反応性アタッチメント障害（抑制型）」でみられる行動です。その場面だけを切り取ると自閉スペクトラム症でも似たような行動をとることがあります。また，初対面の人に対しても馴れ馴れしく接してしまう，相手との距離感をうまく摑むことができない，相手のパーソナル・スペース（心，実際の距離）に踏み込んで侵入してくるなどの行動は，脱抑制型対人交流障害（脱抑制）」でよくみられる行動です。こちらは一見すると注意欠如多動症でみられる行動と似ています。

これらは不適切な環境で育った子どもによくみられる状態です。これらを知って対応することは虐待の早期発見，予防に役立ち，子どもたちのその後の豊かな発達につながるでしょう。

第３章　幼児期早期からの支援

1．はじめに

本章のテーマである早期からの支援は，“早期療育”といった呼称で普及しており，その有効性についてはライフステージに応じた自閉症スペクトラム者に対する支援のための手引きに「少しでも早い時期からASDの特性に合わせた育児が開始されれば（中略），子どもが潜在的に持っている力を引き出しやすくなる」，「親の心理教育的支援の効果を上げ（中略）見通しと意欲をもって育児にあたることができるような支援が可能」（本田秀夫，2010, 21-22）と示されているなど，さまざまな研究や書籍で明らかになっています。早期から行われている支援は多岐に渡りますが，幼児期に行なわれる支援の一つに児童発達支援事業があります。川崎西部地域療育センター内には，地域支援課が担う児童発達支援事業所（以下，「事業所」という）と通園課が担当している児童発達支援センターがあります。通園課による支援については次章で触れることとし，本章では事業所で行なっている支援について述べていきます。

2．事業所支援の概要

当事業所では，家族による相談申し込みから医師の診察，医療職による検査（主に言語発達や全般的な心理発達）を終えて，利用希望のある２歳から４歳までのすべての方を対象として支援を行なっています。療育という視点での支援を初めて経験する方を対象としているため，私たちは『初期療育』と呼んでいます。希望者が多いため，少しでも多くの方に利用をしてもらえるように，利用期間は約３カ月，一回の支援は１時間半に設定しています。

当事業所における支援の基本的な考え方は，次の２つになります。

まずは，児童発達支援事業所が提供する支援には，個別的な支援と集団場面での支援がありますが，当事業所では集団場面での支援を中心に行なっていることです。これは，提供する支援が現在もしくは将来的な保育所や幼稚園での集団場面・生活場面へ拡がって役立つこと（般化）を目指しているからです。

例えば，利用の希望が多い就園前（２歳児）の子どもにとって，集団場面に参加することが初めてであることは少なくありません。この年代では整えられた環境，配慮された活動の中で，自分のペースを尊重されつつ，楽しく集団での生活を経験することが大切です。また，すでに就園している子どもにとっても，達成感や自己効力感を得られる経験の積み重ねが所属園での般化につながると考えています。

次に，家族が一緒に通園する形態（おやこ通園）を採用していることです。これは，提供している支援が子どもだけで完結してしまっては，家庭や地域への拡がりが期待できないと考えているからです。事業所等で支援できる時間や期間，回数だけでは，子どもが獲得した行動やスキルが日常生活で定着，維持することを目標にするのは困難です。そこで，家族を支援対象とするだけなく，子どもに対する「共同療育者」（佐々木正美，2008, 39）と位置付け，協働しながら支援を行えるように意識したプログラムにしています。

厚生労働省が策定した児童発達支援ガイドラインにおける「家族支援」の配慮事項として，「子どもの障害の特性等の理解の前段階として，『気づき』の支援も重要」という記載があります。子どもが同年代の子どもたちと集団の中で過ごす様子を家族と支援者が目の前で確認することで，子どもの困り感に家族が“気づき”，その後の支援を共に考えるきっかけになるなど，親子で通所することの効果を実感しています。

3．支援の内容について

当事業所の初期療育クラスは，２歳児のみで編成したクラス（就園前クラス）と３，４歳児で編成したクラス（就園済クラス）を用意しています。各クラスとも保護者面談を含めて毎週１回，全11回のプログラムを行なっています。就園前クラスは，さまざまな遊びや活動を経験しながら集団に慣れていくことを目的としています。就園済クラスは，すでに集団での生活を経験していることもあり，友だちとのやりとりの練習など園での生活に関係する内容を中心に，集団の中でより適切な振る舞いや自然な指示への応答ができることを目的としています。このように年齢に応じて目的が異なるため，それぞれの目的に沿ってクラスを分けました。

（1）共通する支援のポイント

最初に，すべての初期療育クラスに共通する支援のポイントについて記載します。

① 活動の流れを一定にして繰り返す。

② １つの活動の時間を短めにする。

③ 不要な物を置かない，貼らない等，情報の整理をする。

④ 見ただけでわかるような設定にする。

⑤ 見本，写真，その時に使用する物を提示する。

⑥ 結論を簡潔に伝える。

⑦「一対一」対応させて伝える。

⑧「動」の活動と「静」の活動を交互に行なう。

表1　スケジュール例

午前		午後	
時間	**活動**	**時間**	**活動**
10：00	支度 自由遊び	14：00	登園／支度 自由遊び／トイレ
10：15	あつまり	14：05	あつまり
10：30	水分補給／トイレ	14：20	水分補給
10：35	活動①	14：25	活動①
10：55	活動② （おやこ分離）	14：45	活動② （おやこ分離）
		15：05	活動③
11：15	あつまり	15：15	あつまり
11：30	降園	15：30	支度／降園

まず①についてです。初期療育クラスでは**表1**のようなスケジュールを組んでおり，その流れをできるだけ固定しています。細かな活動の内容は，その日によって変わることはありますが，来所してから行うことや次に何をするのか，何をしたら終わるのか，などの流れを固定することで，次に行うことが予測しやすくなります。事業所を利用する子どもの中には，想定外のことが起こることで混乱したり，予測が立たないことで強い不安を感じたりすることがあります。そのため，活動の流れを一定にし，予測しやすい環境を用意することで，子どもたちは次に何を行うとよいのかわかることが増え，安心して活動へ取り組めるようになります。

②と③については，子どもの活動に対する集中の向上，維持のために取り入れています。一般的に子どもが集中できる時間は「年齢＋１分」程度と言われていますので，活動時間を長く設定すると集中が途切れてしまう可能性を高めます。また，活動に不要な物や掲示物が多いと，本来集中してほしい対象から注目が逸れてしまうことがあります。例えば，玩具がしまってある棚が見えている，棚の上に大人が使用する物が置いてあるのが見えるという状況よりも，棚の中の玩具が見えない，大人が使用する物が隠されているという状況のほうが，目の前の玩具により集中することに繋がります（**写真1**参照）。このように，子どもが集中して取り組むためには，活動時間を短めに設定すること，気が散りにくいように環境的に情報や刺激を整理することが必要になります。

④，⑤，⑥は，大人の指示や次の活動を子どもに理解しやすくするための対応です。私たちが人と関わる際，言葉による情報（言語情報）だけでなく，その話し方（聴覚情報）や相手の表情など（視覚情報）も参考にしながら，コミュニケーションをとっています。また，資料を見ながら話を聞く，地図を見ながら目的場所に向かう，お店の看板を目印にする，といったように視覚情報を参照する状況は日常生活に溢れています。私たち大人にとってもこのような状態なのですから，言葉の指示のみで子どもが行動することの難しさは容易に想像がつきます。子どもにとっ

写真 1　情報が整理されていない設定（左）と整理してある設定（右）の例

写真 2　見てわかりやすい設定の例：シール貼り課題（左）と姿勢の見本の指示（右）

てわかりやすい言葉で伝えるのみならず，見てわかりやすい設定や視覚的な情報を一緒に示すことは，子どもが理解して活動するために必要な工夫なのです。実際に行なっている例（**写真 2**）として，シールを貼る位置の枠を貼るシールと同色にした課題や着席時の適切な姿勢を写真で示すなどの工夫を行なっています。

⑦「一対一」対応という表現は少し聞きなれないかもしれません。ここでは，物事と場所，状況や表現などを対応させることを指して，「一対一」と表現しています。例えば，言葉には多種多様な表現があり，一つの状況・状態を示す単語は一つではありません。一つの事柄に対して多くの表現や状況がある場合（一対多），それらを関連付けることは難しくなります。活動の終了を告げる際は，「終わりだよ」，「おしまいだよ」，「終了だよ」などと複数の表現で伝えるのではなく，「終わりにします」とスタッフが使う表現を固定することで，理解を促すことにつながるのです。また，着替えはリビングの隅のピンクのマットで，歯磨きはご飯の直後に自分の椅子でといったように，行なうことと場所を「一対一」対応することで習慣化を促すことにもつながります。

最後の⑧は，自分の気持ちや行動をコントロールすることが苦手な子どもへの工夫です。身体を動かす活動が続くと興奮して気持ちがたかぶり，自分で落ち着くことが難しくなります。また，着席課題が続くと足や手などの身体の一部がソワソワと動いてしまう子どももいます。そのため，身体を動かして発散を促す「動」の活動と，気持ちを落ち着けて着席して取り組む「静」の活動を交互に取り入れることで，心身が安定した状態を維持しやすい状況になります。

（2）就園前クラスのプログラムについて

就園前クラスは，

・子ども本人に合った環境の中で，他者とのやり取りの楽しさ，適切な行動や生活習慣を学ぶ経験をすること

・家族が子どもとの関りを通して子どもの特性を理解し，主体的な子育てができるようになること

を目標として支援を行なっています。このクラスでは，毎回異なる活動を行なうことで，子どもがさまざまな遊びや活動を経験できるようにプログラムを組み立てています（**表2**参照）。また，事前に保護者から聴取した子どもの状態や子どもが活動に取り組む様子を見ながら内容を変更するなど，配慮をしながら進めています。

表2　就園前クラスのプログラム例

主活動	ねらい
触れ合いあそび	・新しい環境に慣れよう。 ・親子で一緒に，リラックスしてあそぼう。
感触あそび	・指先を使ってあそぼう。 ・手を洗う練習をしよう。
屋外あそび ☂運動あそび	・トイレへ行ってみよう。 ・手をつないで，みんなで移動しよう。
揺れあそび	・揺れるあそびに挑戦しよう。 ・順番を待つ経験をしよう。
電車ごっこ	・ごっこあそびを経験しよう。 ・順番を待つ練習をしよう。
音楽あそび	・いろいろな楽器を使ってみよう。 ・先生の真似をしてみよう。
制作活動	・先生の見本や手順を見ながら作ろう。 ・座って活動に取り組もう。
ごっこあそび	・ごっこあそびに取り組もう。 ・「ちょうだい」と伝えよう。
親子あそび	・親子でのあそび，友だちとのあそびを楽しもう。

写真３　電車ごっこ

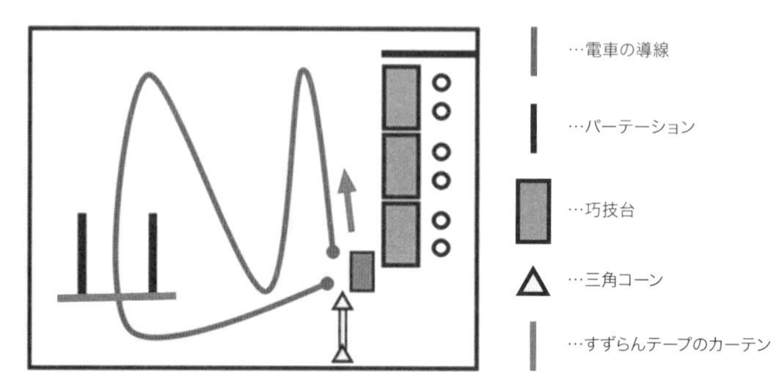

図１　設定と電車のルート例

【実践例①】電車ごっこ

電車ごっこは，台車の上に電車に見立てた段ボール箱を括り付け，箱の中に置いた椅子に子どもが座ります（**写真３**）。その台車を，スタッフが「かもつれっしゃ（山川啓介：詞／若松正司：曲）」などの歌に合わせて押しながら一定のルートを進むことで，子どもが揺れを楽しむことができる活動です。パーテーションや三角コーンを設置することで，順番を待つ子どもが前に出てくることを防ぎ，巧技台を設置することで乗り場を意識しやすい設定にしています。設定や電車のルートの例を**図１**に示しました。

また，同時に二人乗ることができるため，活動の中で友だちを意識することや，共感性を高めることが期待できます。一方で，自分の順番が回って来るまでは着席して待つ時間になります。そのため，電車に乗っている友だちに注目を促し，活動への期待が高まるように，電車に乗っている子どもがパーテーションの間のすずらんテープの下を通過する前には，「３・２・１」とカウントダウンをクラス全体に向けて行ないます。

電車ごっこの他にも順番を待って行なう活動はあります。それらの活動では，まず子どもの待機時の様子や参加姿勢などを考慮して席順を決め，その席順に沿って子どもの名前を呼ぶことで順番を示しています。就園前クラスでは，顔写真や順番ボードを使用して順番への理解を促すよりも，個別に声を掛けたり手招きなどの動作で前に出てくることを知らせたりすることで，待つ時間を短縮しています。そのようにすることで子どもの集中力や興味の維持，着席できる時間の持続を図っています。

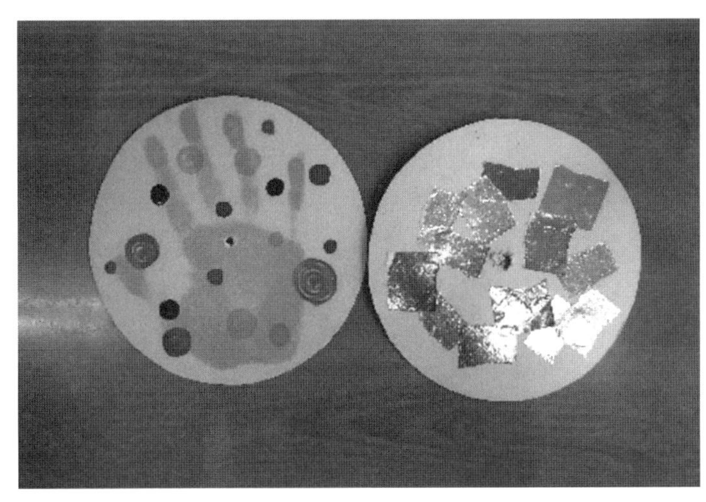

写真4　「くるくるポン」

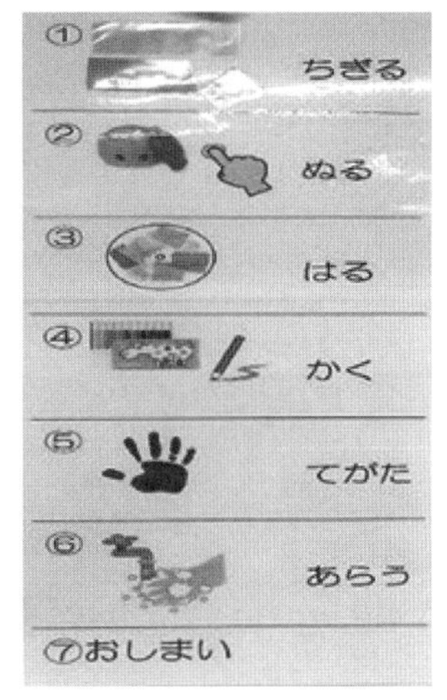

写真5　くるくるポン制作の手順書

【実践例②】制作活動

制作活動では，はじめのあつまりの中で使用している「くるくるポン」を子どもたちに作ってもらいます（**写真4**）。くるくるポンとは，円形の厚紙の中央に穴を空け，その穴に割り箸を通して厚紙を回すことで，模様の変化を楽しむことができる教材です。

クラスでは，追視玩具を好む子どもを中心に人気があり，歌を覚えて一緒に口ずさむ姿や，手遊びに代えて行なうことでスタッフの模倣をする姿が見られます。子どもにとって繰り返し見ている教材であるため，制作に対する動機づけにつながることが期待できます。

制作手順は下記①～⑥の通りです。【　】内には，子どもを評価する観点を記しています。また，作製する際の手がかりになるように，家族に向けた手順書を提示しています（**写真5**）。

① 折り紙の縦四分の一のサイズを四等分にちぎります。ちぎる動作が難しい場合は，折り紙に切れ目を入れることで，子どもがちぎりやすくなります。手順②で糊付けをするため，四, 五等分の大きさにちぎることを推奨しています。【手先・手首の操作】

② ちぎった折り紙を糊付けします。手で糊に触れることに抵抗がある子どもには，手拭きやヘラ，スティック糊を提供し，子どもができる範囲で取り組めるように配慮しています。【手指の過敏性】

③ 厚紙の片面に，糊付けした折り紙を貼ります。子どもが自由に貼りつつ，大人が指差しをして貼る箇所を指定する機会も取り入れます。【指差しへの意識】

④ 糊付けした面と反対の面は，マーカーペンで自由にお絵描きをします。【マーカーペンの握り方・扱い方】【創造性】

⑤ 厚紙に手形スタンプを押します。子どもによっては好みのスタンプの色を選択することや，スタンプへの抵抗感が強い場合には行なわなくても良いこととしています。【汚れに対する過敏性】【自発的な選択の可否】

⑥ 手を洗います。手順⑤で使用したスタンプ液が衣服に付着することを防ぐため，保護者と一緒に手洗い場に移動するよう伝えています。【手洗いの可否】【大人の介助の受け入れ】

以上のように，就園前クラスでは，さまざまな遊びや活動を経験する中で，子どもが「できた」，「楽しかった」と感じる時間を過ごせることに重点を置いています。それは，集団場面において，「できた」，「楽しかった」と思える経験そのものが，家族以外の大人との関係を作り，友だちと過ごすための動機づけにつながると考えているからです。そのため，必要に応じて子どもが苦手な課題を取り除いたり，スタッフが代行したり，子どもが抵抗なく取り組めるようになるための工夫をしながら支援を進めています。

（3）就園済クラスのプログラムについて

支援内容の冒頭で記載したように，就園済クラスの対象となる子どもは二つの学年（3，4歳児）にまたがります。そのため，クラスの編成は，基本的に学年齢に分かれるように配慮をしています。また，学年齢が混合となるクラスもありますが，その際は発達年齢などを参照して編成するようにしています。また，このクラスでは活動のプログラムだけではなく，家族への支援にも重点を置いています。開始時の面談では，クラスの概要や活動のねらいを伝えることに加え，家族の主訴やニーズの確認，子どもの状況について聞き取りをしています。終了時の面談では，クラス活動での様子を振り返りながら子どもが持っている特性について説明し，そのためにその子の強みを生かすための工夫に加え，今後つまずきやすい課題や場面を挙げつつ，対応方法や練習の仕方などを伝えています。

プログラム例は**表 3** の通りです。就園前クラス同様，このクラスにおいても行動面や認知面をアセスメントしながら，プログラムや課題内容の変更を検討しています。

表 3　就園済クラスのプログラム例

主な活動	ねらい
サーキット	着席して順番を待つ。 遊具に合わせた身体の使い方を知る。 スタッフに注目し，話を聞く。
かくれんぼ	ルールを理解し，取り組む。 隠れられる場所を探す。
リズム遊び	意識的に音に注意を向ける。 ルールを理解して行動する。 身体の動きを模倣する。
グループ遊び	やりとりに必要なことばを知り，使える。 ルールを理解し，友だちと共感しながら参加する。
ごっこ遊び	やりとりに必要なことばや援助要請の方法を知る。
ゲーム遊び	ルールを理解し，取り組む。 勝敗のあるゲームを経験する。 →適切な感情表出の仕方を知る。

主な活動以外には，机上課題（塗り絵，ハサミや糊を使用する教材など）や運動遊びなどを組み合わせ，１日のプログラムを組み立てています。机上課題に関しては，子どもの理解に合わせた課題を用意しています。

また家族への関りとしては，クラスで実施している保護者勉強会（保護者支援プログラムについては次章に記載）と併せて，実際の活動の様子から子どもについての理解を深めてほしいという思いから，クラス開始前にその日の活動のねらいとどんな視点で子どもを見てほしいか説明しています。

【実践例①】かくれんぼ

このプログラムでは，子どもたちが隠れ，スタッフが探すという役割を固定しています。役割が固定されることで，子どもは自分がどのような行動を取ればよいのか理解がしやすくなり，ルールを覚えやすくなります。子どもの中には，複数のルールを覚えることが難しいことや役割の入れ替わりに伴って行動を変えることが難しい場合があります。また，一度の説明でわからない子どもについては，友だちの様子を見て学習できるように順番を後半にするなどの配慮をしながら，１人２回以上経験ができるように設定しています。

他者の視点に立って想像してみることが難しい子どもは，“探す役割の視点に立って隠れる”場所を考えたり，自分で判断したりして行動することが難しいことがあります。そこであらかじめ隠れる場所を設定しておき（**写真６・７**　かくれんぼの設定），見本を示す際に紹介しています。他にも，待機場所として椅子を使用しています。これにより，どこでどのように待っていれば良いかが明確になり，適切に待機できるようになります。

この活動では「ルールの理解」をねらいにしており，スタッフが事前に見本を見せることで，どんなことをするのか，どう動けばよいのか適切なモデルを提示します。口頭での説明よりも目で見て理解することが得意な子どもや，ことばでの指示が記憶に残りづらい子どものために，写真や絵のカードを用いて視覚的な手がかりを提示することで，自分で見て確認し，意識しやすいよう配慮しています（**写真８**　グループを表で示す例）。

見本の実演をする際は，見本となるスタッフの動きに合わせて，進行役のスタッフがルールを説明します。

写真６　かくれんぼの設定１

写真７　かくれんぼの設定２

写真８　グループを表で示す例
（実際には，お子さんの顔写真と名前が書かれたカードを使用することもあります）

① 鬼（スタッフ）が10数える間に隠れる。
② 隠れられたら「もういいよ」と言う。／隠れられなかったら「まだだよ」と言う。
③ 鬼（スタッフ）に見つかるまで動かず，静かに隠れる。
④ 見つかったら椅子に座る。

以上のルールですが，実際の活動では，隠れる子どもと順番を待つ子どもがいるため，交代で取り組みます。順番を待っている子どもに対しては，

⑤ 椅子に着席して待ち，友だちの居場所を鬼に知らせない。

というルールがあります。

プログラムに参加した子どもの様子として，見つけてもらいたくて鬼が探している最中に出てくる子，本来のかくれんぼの楽しみ方とは異なる楽しみ方をしている子，友だちの居場所を教えずにはいられない子もいます。他にも“頭隠して尻隠さず”の状態に気が付かなかったり，鬼に見つかった際に待機場所に戻れなかったり，友だちと同じ場所にしか隠れられない子もいます。そんな様子から，ルールの理解の難しさや感じ方の違い，衝動性によるルール順守の難しさ，ボディーイメージの難しさ，気持ちの切り替えの苦手さ，どこに隠れたらよいか自分で考えることの困難さなど，子どもそれぞれの特性と苦手な点が見えてきます。

このような様子を家族に直接見てもらうことで，子どもの行動の背景にある困り感への“気づき”につながります。また，クラスで行っている工夫を説明することで，どんな物を・どのタイミングで・どのように・提示して指示を出すかなどを保護者に知ってもらい，家庭での支援につなげてもらいます。

【実践例②】机上課題

机上課題とは，椅子に座り，テーブル上で行なう静的な活動を指します。就園済クラスでは，色マッチング課題を含めたシール貼りの課題や塗り絵課題，でんぷん糊やハサミ，折り紙を使用

表4　机上課題の例

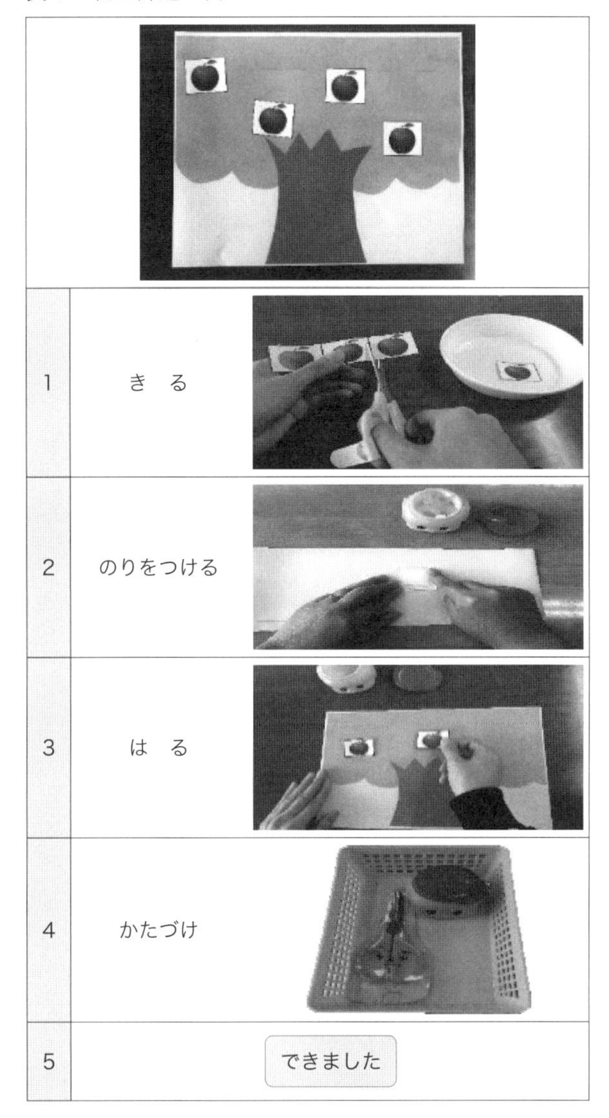

1	き　る	
2	のりをつける	
3	は　る	
4	かたづけ	
5	できました	

した微細運動課題などを行なっています（**表4**　机上課題の例）。

これらの課題では，手先を操作する課題に取り組むことで巧緻性の向上を目指すだけでなく，スタッフの指示に応じて取り組むこと，課題の取り組み方を知ること，手順書の見方を知って示された通りに取り組むこと，などの指示応答性の向上や，「できました」，「わかりません」など自発的な報告行動の形成をねらいとしています。

また，“共通する支援のポイント”でも記載したように，「かくれんぼ」や運動課題などの動的な課題だけでプログラムを構成すると，子どもたちが過活動の状態になり，職員の指示に応じられなくなることがあります。子どもたちが情動をコントロールし，指示や刺激を適切に受け止められる状態を維持するためにも，落ち着いて座って，集中して取り組める机上課題も必要なのです。

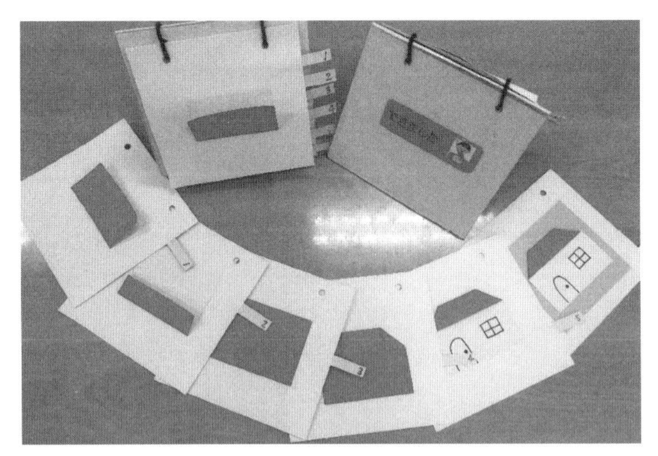

写真９　めくり型の手順書

プログラム説明の際に触れた手順書についても解説していきます。**写真９**（めくり型の手順書）は，折り紙の机上課題を実施する際に使用している手順書です。これは，子どもたちが自分でその課題の工程を理解し，作業を進めていくための支援の一つとなるものです。手順書には一覧になっているタイプやめくって使うタイプのものなどがありますが，ここではめくり型のものを紹介しています。めくり型のメリットは，一工程ずつ提示することで，その工程だけに注目して作業に取り組みやすくなることです。また，子ども一人ひとりに渡すことで手元を見て確認することができ，自分のペースで取り組めるようになります。このように「最初から最後まで１人で課題を遂行できた」という経験から，自信や満足感を育んでいくことをねらいとしています。

今回使用した手順書は，数字を書いたインデックスをつけることで順番をわかりやすくし，更にめくり間違いの防止をしています。また，各工程を絵や写真ではなく実物の折り紙を使用することで，子どもたちが実際に触りながら確認をできる仕様にしました。そして，最後の工程が終わった際に「できました」という報告用の絵カードと同じイラストを記しておくことで，視覚的にも工程の終わりを意識づけられるよう工夫をしました。

子どもたちは，日常的な生活の中で，「めくる」動作をしながら物事を確認する経験が少ないため，最初に使い方の説明をしています。また，一度の経験で使い方が定着することは難しいため，翌週にも再度机上課題の中で使用する機会を設定したこともあります。実際に手順書の使い方が理解できない子どもからは，「どうやってやるの？」「手伝って」などと質問されることがありますが，使用していくうちに１人で扱うことができるようになっていくのです。

もちろん，今回使用した手順書が完成形ではありません。子どもの状態によって，取り組む活動によって，使用する場面によって，検討していくことが大切です。そのことも含めて家族には伝えていくようにしています。

このクラスでは特に，子どもへの直接的な支援だけではなく，家族に支援方法を伝えることに重きを置いています。90分のプログラムの中だけで子どもの困り感や保護者の要望すべてに対応することは難しいためです。その結果，１クールの支援を行なっている間にも，さまざまな療育の知識に触れることで，家庭での子どもへの意識や対応方法，ことばの掛け方を変えることができた保護者を多く見てきました。

一方で，子どもの変化は見えにくいことが多く，配慮がある中で継続して経験できる場，繰り返し課題を練習できる環境が必要となってきます。そうした環境づくりのポイントを保護者自身が考えて家庭療育＝育児できるようになること，さらには所属園でのよい環境作りに向けて家族の力が活かされること，を願って支援を行っています。

4．最後に

ここまで当事業所で行なっている支援プログラムや運営の工夫を紹介してきました。私たちが最も大切にしていることは，“児童発達支援の場面以外でもできるように”ということです。ここまで紹介してきた工夫を，すでに幼稚園や保育所，家庭の中で実際の生活に取り入れてきた家族は多いでしょう。また，一般的な子育てで行われている内容と重なることも多いと思われます。私たちの提供している支援は，特別な子どもだけを対象としたものではなく，すべての子どもに対して有効な支援を提供することを目指しているからです。支援の根幹に，誰にとっても有効な工夫（ユニバーサルな支援）を行ない，その上でより配慮が必要な子どもへの工夫，個別的な支援の工夫など，段階的な支援（**図２**参照）を提供できるよう努めています。

最後に，支援や配慮を必要としているすべての子どもたちへ，必要なだけの支援や配慮が届くよう，本書が支援者や家族の皆さんの一助となることを願って，本章を終わります。

文　献

神尾陽子，本田秀夫ほか（2010）『ライフステージに応じた自閉症スペクトラム者に対する支援のための手引き』国立精神・神経センター精神保健研究所

佐々木正美（2008）『自閉症児のための TEACCH ハンドブック』学研，東京

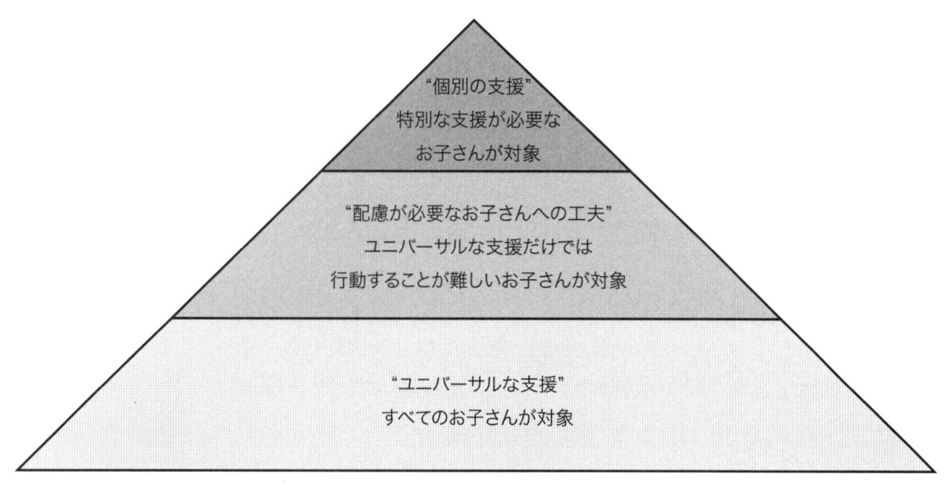

図２　段階的な支援イメージ（ピラミッドモデル）
（G・ダンラップ，P・ストレイン，J・リー，J・ジョセフ，C・バートランド，L・フォックス著／神山努ほか訳，2019，9，「行動の多層支援の枠組み」を参考に一部改変）

第４章　児童発達支援センター（通園療育）の実際

1．はじめに

通園課では，児童発達支援センターを運営しています。所内に福祉型児童発達支援センターと医療型児童発達支援センター（以下，この２つを合わせて「通園療育」という）を併設し，２歳から５歳までの子どもを対象に就学前の幼児期の発達支援を行っています。サービスの対象としては，主に前述の児童発達支援事業所のハーモニーの初期療育クラスを利用した親子が通園課の児童発達支援センターを利用する流れになっており（療育センターへ来所した年齢や発達の状況により異なることもあります），知的障害や運動障害のある子どもに継続的な発達支援を行っています。

2．通園療育の概要

通園療育の療育時間は９:45～13:45です。通園バスを４台運行し，登園・降園に合わせて約１時間のコースで運行しています。給食は子どもだけではなく，療育に参加する保護者にも提供します。通園バスの運行と給食の調理を外部に業務委託しており，委託会社と密な連携を図りながらサービスを提供しています。

実際の療育支援に際しては，親子で一緒に療育に参加する「親子通園」と，子どもだけが療育に参加する「単独通園」の部門に分けています。当センターでは「親子通園」のスタイルから始めることを原則にしています（一部，転入等による場合を除きます）。「親子通園」では集団の中での子どもの行動を近くで観察したり，実際に対応することを通して，子どもの特性や関わり方を理解していくことをねらいとしています。親子通園は週１回のクラスと週２回クラスを設けており，多くの子どもたちは幼稚園・保育園に通いながら通園療育を利用します。「単独通園」は，原則として親子通園を利用した後に移行する４・５歳児を対象にしており，医療型児童発達支援は週３～４日，福祉型児童発達支援は週４～５日の通園で，多くの子どもは単独通園を２年間利用します。単独通園を利用する子どもの目標は，特性に配慮された環境の中での小集団活動を通して成功体験を積み重ねることで，安定した生活を送り，社会性やコミュニケーション力を育んでいくこととしています。

表１　クラス編成表

	単独通園部門（４～５歳児）		親子通園部門（２～５歳児）	
	福祉型	医療型	福祉型	医療型
日　数	週４～５日	週３～４日	週１～２日	週１～２日
クラス定員	８～９名	８名	７名	７名
担　任	３名	３名＋看護師	２名	２名
クラス数	３クラス	２クラス	８クラス	１クラス

（1）クラス編成について

親子通園クラスは，担任スタッフ２名で７組の親子を担当します。単独通園クラスは，担任職員３名で８～９名の子どもを担当します。指導室の構造や大きさも考慮して上記の人数配置としています。

（2）１日のプログラム

9:45　登園
　　　朝の支度・自由遊び
　　　朝のあつまり
10:25　設定活動
11:20　自由遊び・園庭遊び・ホールでの運動遊び
11:50　給食
12:50　着替え・自由遊び
13:20　帰りのあつまり

上記のプログラムの他に，子どもの課題に合わせて，１対１での活動や一人で課題を行う自立課題などを個別に行ったりします。

3．子どもの評価と個別支援計画書の作成

（1）評価について

フォーマルな評価（発達検査など）を基にインフォーマルな評価（行動観察，家族へのインタビュー）を丁寧に行うことで，客観性のある具体的で支援に役立つ情報を整理していきます。療育センターの場合，さまざまな専門職が同じフロアーで共に発達支援を行っていますので，子どもの最新の情報にアクセスしやすいメリットを最大限活かしてアセスメントを行うように努めて

表2　家族の希望アンケート（一部抜粋）

家族の希望 お子さんにこの１年で成長して欲しいことを具体的に記入してください
(例) 口にものを入れないで，おもちゃで遊べるようになって欲しい 予定を見て，スムーズに行動できるようになって欲しい

います。

より具体的で支援に役立つ情報を整理するために大切なのがインフォーマルな評価になります。担任の保育士・指導員が集団療育場面・日常生活場面や家族からの情報を収集し整理していく方法をいくつか紹介します。

（2）家族へのインタビュー

子どものアセスメントで保護者からの情報は不可欠ですが，あまり構造化されていない聞き取りになると，具体的な情報が得られなかったり，家族が支援に期待する優先順位も含めて情報が曖昧になる場合があります。そこで早い段階で家族に実施するアンケートでは，好きなこと，困っていること，支援目標にしたいことなどを具体的に記入しやすいように工夫しています（**表2**）。その後，提出されたアンケート結果を基に面談を行い，さらに情報を細分化したり，支援に実際に役立つ情報に整理していきます。この家族と子どもの情報を丁寧に共有していく作業は，個別支援計画の適切な目標設定に役立つばかりではなく，家族とスタッフの関係をポジティブなものにしていくための出発点になっています。

（3）課題分析と目標設定

支援の目標を定めていく上で，子どもが何ができて（できなくて），何を教えなくてはいけないか（何を教えなくていいか）を見極めていく必要があります。教えようとする行動を具体的なものにし，スモールステップでの関わり方を整理していくために課題分析を通した評価を行うようにしています。

複数のスタッフが子どもに関わる集団療育において，共通の評価ツールを利用しながらスタッフ間の評価の視点を平準化していくこと，スモールステップでどこを教えるように関わるかが明確化されていることが重要になってきます。

例えば，「着替え」について，**図1**のように着替えの動作を分解して，動作の項目ごとに評価します。複数回評価を繰り返すと，どこができていて，どこができていないかが見えてきます。そうすることで，個別支援計画の目標設定についても，具体的なターゲットと，どこをどのような手順で教えたらいいかを明確にすることができます。

目標を考える手助け「着替え」
課題分析から目標を絞り込んでいく場合
一人でできる○　一部介助（声かけ・指さし含む）△　全介助 ×

課題分析の例	評価	備　考
シャツを脱ぐ	○	
（前後の確認）	△	声かけがないと確認しない
シャツを着る	○	
ズボンを脱ぐ	○	
（前後の確認）	△	声かけがないと確認しない
ズボンを履く	○	
服をたたむ	×	動作を教えても全介助が必要

個別支援計画の記入例
△（もう少しでできそうなこと）から目標を決める
目標：シャツの前後を確認する
支援方法：（例）タグを指さして前後の確認を促す

図１　療育へのニーズ把握表（一部抜粋）

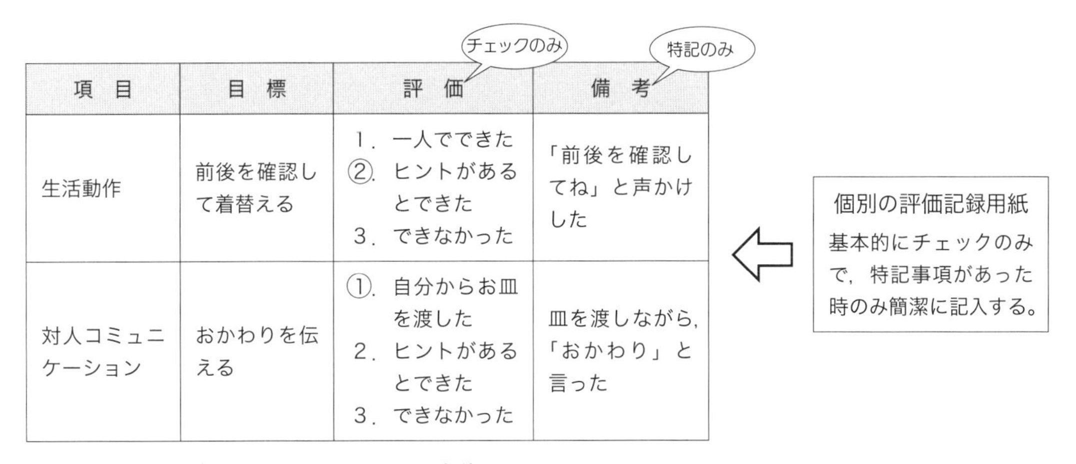

項　目	目　標	評　価	備　考
生活動作	前後を確認して着替える	1．一人でできた ②．ヒントがあるとできた 3．できなかった	「前後を確認してね」と声かけした
対人コミュニケーション	おかわりを伝える	①．自分からお皿を渡した 2．ヒントがあるとできた 3．できなかった	皿を渡しながら，「おかわり」と言った

図２　（参考）指導記録フォーム～目標設定後～

（4）記録

目標を設定し具体的な支援方法を決めた後は子どもに対してそのアプローチを試みていくわけですが，対応した結果についてもその都度明らかにしていくことが大切です。そのために評価記録を残していく作業が必要となります。しかし，複数の子どもに対応しながら，それぞれの子どもの指導結果をその場で記入するのは困難です。指導記録が具体性に欠け，モニタリングの際に曖昧になることもあります。そこで，目標に対する評価記録を明確に短時間で記入できるよう記録用紙のフォームを工夫しています（**図２**）。

4. 療育プログラム構成で大切にしたいこと

「成功体験はあらゆる子どもの成長の源」という考え方を中心において支援をしていきます。子どもが安心して過ごせる環境であること，わかりやすく学び，自信を持って活動に参加できるような活動設定を基に，個々の特性に応じて細やかな配慮を行うことを大切にするということになります。

また，子どもの「好き」「興味・関心」を十分に理解して関わることを重視することで，意欲を引き出し，さまざまな活動への参加体験も増え，スタッフとの関係性もポジティブなものになっていくと考えています。

以下に集団療育で一人ひとりの特性に合わせた支援を適切に行うためのポイントと具体的なプログラムを紹介します。

(1) 一人ひとりの子どもを大切にするために

- 安心・安全な生活環境へ
- 一人ひとりの「好き」が側にある場所へ
- 見通しのある生活へ
- 何をどうやったらいいかが明確な活動へ
- やさしいコミュニケーションがある関係へ

以上のことを発達支援の柱とし，療育プログラム作りをすすめていきます。

上記の中にある「安心・安全な生活環境へ」への取り組みを紹介します。

はじめに，物事をわかりやすく理解しやすい環境を作るための教室環境を工夫していきます。幼児期のお子さんの「遊び」を充実させながら支援することも重視し，まず遊びの場所（プレイエリア）を明確に設定します。このプレイエリアを基点にグループ活動（あつまり，小集団での活動など）の場所を設定します。この２つの場所は１日中固定化します（**写真１**）。さらにお支

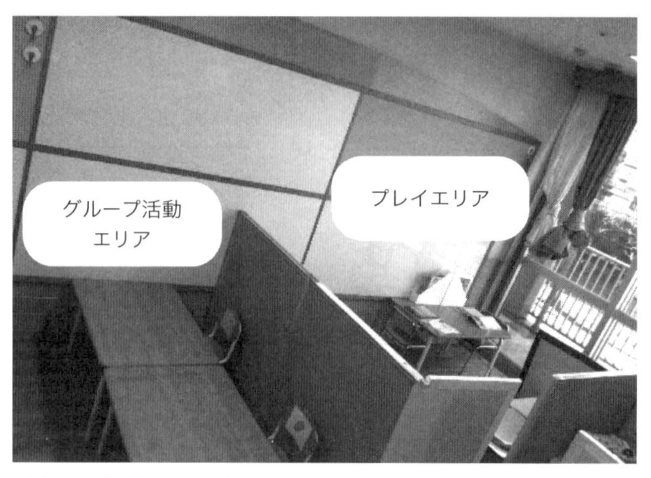

写真１　行動別に場所を区切った例

度をする場所，着替えをする場所，個別課題を行う場所などを設定しますが，教室の構造と広さの事情から，１日固定するのではなく，活動ごとに場所を作り変えることもあります。こうしてこの場所は何をする場所なのか明確になることで，指示の意味を理解しやすく，どのように行動することが期待されているかがわかりやすくなります。

（2）集団の中での個別化した支援

集団活動の中で経験できる発達支援のメリットを十分に理解してプログラムを作っていきますが，集団療育の場合「みんな一緒に」「みんな同じ課題に」という支援方法になりがちです。そこで「一人ひとりのお子さんに合わせて」という視点を常に持ちながら，プログラム作りをすすめることを大切にします。集団の中で，一人ひとりの発達や認知特性に合わせたきめ細かい支援を展開することができているのか，このことが質の高い発達支援の肝になると考えています。

１）集団活動での課題の個別化

クラスでの１日のさまざまな活動が本人の理解力，手先の器用さ，集中力など，本人のレベルに適切な内容になっているかを評価していきます。個別化のために２つの方法があります。１つは，クラスの集団活動の中で子どもを一人ずつ抽出する形で１対１で取り組む方法です。もう１つは，クラスの子どもたちと同じ場所・活動を共有しながら，課題内容や設定をその子その子に合わせた提示方法に変えていくという方法です。前者は，１対１での密な関わりとともに評価が

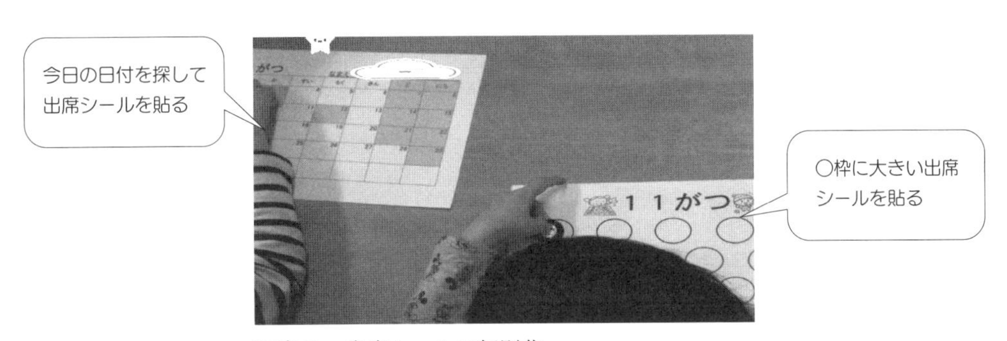

写真２　出席シールの個別化

写真３　荷物整理の個別化

できるメリットがあります。後者は，日常的な活動の中で継続的に取り組みながら評価することができるメリットがあります。

2）スケジュールの示し方を個別化

実物，写真，絵，文字など，確実にその子どもが理解できるもので示します。例えば，「トイレ」の示し方も，トイレマークがわかる子どもは，トイレマークで示しますが，写真やマークではわかりにくい子どもは，日常的に目にする実物で示します。スケジュールを示す長さも次の活動1つだけ示すのか，3つ先の活動まで示すのか，さらに長く示すのか，それぞれの子どもに合わせていきます。ここで大切にしているのは，子どもがしっかりと確認できて，自発的に行動できることを増やしていくことであって，写真から文字に移行したり，できるだけ長く（半日や1日）活動を示すことを急いだり，スケジュールの内容のステップアップを目指していくことではありません。

写真4　子どもの理解に合わせた個別スケジュールの例：情報量を変える

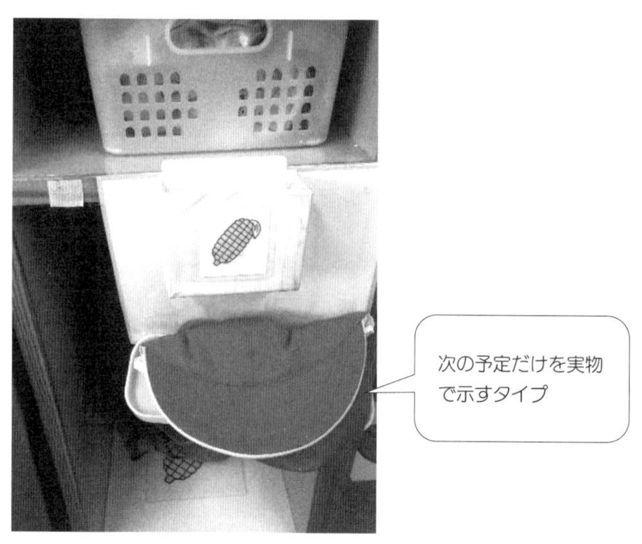

写真5　子どもの理解に合わせた個別スケジュールの例：文字やマークではなく実物で

写真６　子どもごとのコミュニケーション：
カードを持つ

写真７　子どもごとのコミュニケーション：
離れた場所にいる先生にカードを渡す

3）やさしいコミュニケーション

言葉を通じたコミュニケーションに囚われることなく，それぞれの子どもに合った，わかりやすく安心して意欲的に相手と意思交換できることを大切にします。絵カードや実物を相手と交換するコミュニケーションの方法もその１つで，相手と通じ合えたという体験を積み重ねながら，コミュニケーションの楽しさや意欲を引き出していくように支援します。

5．家庭や地域で応用するための支援

それぞれの子どもに合わせてクラスで取り組んだ支援，そして，子ども自身が学んだことは療育センターのクラス内で完結するのではなく，家庭や地域での生活場面に応用できるようなプログラム作りを大切にしています。

子どもと家族が家庭や地域の生活で困っていることもリサーチしながら，クラスでの支援を地

写真 8

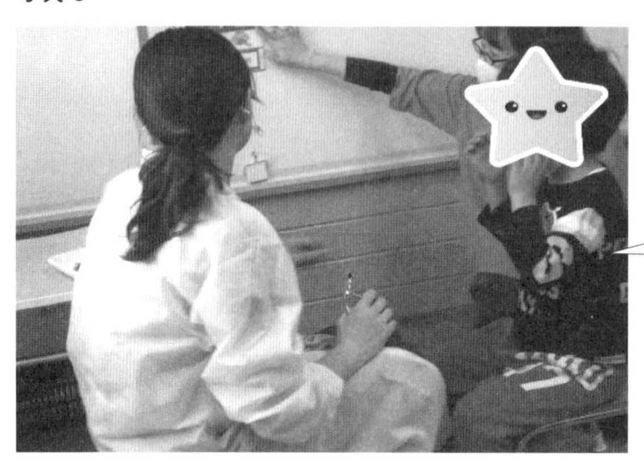

写真 9

域での活動に結びつけていけるように家族の方と協力していきます。

クラスでの支援のポイントの一つとして，子どもが活動の手順を理解して，安心して取り組めるように手順書などの視覚的支援を取り入れていきます。着替えなどの活動で手順書を見て取り組めるようになってくると，新しい活動でも見本と同時に手順書を見ることで安心して取り組めるようになることがあります。

例えば，普段の生活場面にないこと，予測できないことに不安が強い子どもは，地域の医療機関を受診することが困難な場合があります。そこで視覚支援を応用してスモールステップで「病院の受診」ができるように支援していくことも大切なプログラムの一つとして実践しています。具体的な取組み方法を紹介します。

① クラスの活動で慣れ親しんでいる「あつまり」の活動で，人形を使用して「お医者さんごっこ」を見せる（**写真 8**）。

② スケジュールの中に「検診の練習」（写真や絵カードなどで示す）を入れ，クラス活動の中で，見本や手順書を見ながら，受診の練習をする（**写真 9**）。

③ ②で使用した写真，絵カード，手順書などを示しながら，実際に検診や病院の受診をする。

表1　主な年間の保護者勉強会（親子通園）

福祉型			医療型		
8月	日常生活動作について	担任	4月	集団療育で大切にすること	担任
10月	構造化について	園長	9月	生活リズムについて	担任
11月	食について	栄養士	11月	OTと話そう	OT
12月	コミュニケーション	主任	12月	負担の少ない介助方法	PT
1月	福祉制度・社会資源	SW	1月	福祉制度・社会資源	SW
2月	子どものことを支援者に伝えるマイノート作成	担任	2月	子どものことを支援者に伝えるマイノート作成	担任

6. 保護者支援プログラム

幼児期の療育活動において，子どもへの発達支援と同時に大切になるのが家族への支援活動の組み立てです。幼児期においては，家族が子どもの発達段階と行動特性を理解していくこと，そして，対応のコツをつかんでいくように保護者支援プログラムを組み立てていくことが重要であると考えています。これは，幼児期の子育てという枠組みに留まらず，これからの学童期から青年期に向けての子育てにおいても，子どもの困り感にどう保護者が向き合っていくかということが，子どもの安定した生活には不可欠の要素になるという視点から内容を検討しています。療育活動の中で，私たちがどのようなアプローチを試みているかを紹介します。

(1) 単独通園の「教え合いっ子」について（図3　写真10, 11）

単独通園においても年間でさまざまな勉強会を企画していますが，ここでは，子どもの特性に合わせた具体的な対応方法をスタッフ，保護者で学び合う「教え合いっ子」というプログラムを紹介します。

この「教え合いっ子」は，クラスの療育の中での関わり方や環境設定の工夫により子どもが理解しやすくなったこと，行動しやすくなったことなどをスタッフと保護者で共有することから始まります。保護者は，子育ての中で子どもへの関わり方や困った行動への対応で苦慮していることが少なくありません。そこで，クラスの療育で取り組んだことをもとにして，家庭でもできそうな関わり方や環境設定の工夫をスタッフ，保護者で考えます。そして，保護者に家庭の中で，あるいは外出先で実践してもらいます。子どもの様子を確認しながら，上手くいきそうな対応方法は継続していきます。上手くいかなかったことは，また考え直していきます。この家庭での工夫のアイディアと，実際に家庭の中で子どもに対応してみて上手くいったこと，上手くいかなかったことを，保護者同志で情報共有していくのが「教え合いっ子」です。

「教え合いっ子」を開催するための具体的な準備と当日の内容をご紹介します。スタッフは，保護者から家庭や外出先で実際に子どもに合わせて工夫して対応してみている事例を事前に集め

**スタッフ・
保護者で相談**
センターでできたこと
家でもできそうなこと

家庭で工夫
予定表や玩具の設置や出し方など家でも試してみる

保護者間で共有
工夫してみたことを持ち寄り，アイディアを共有する

図 3　保護者間での共有へのながれ

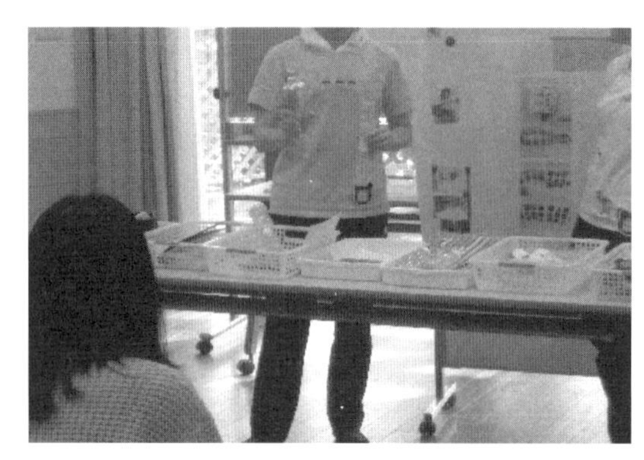

保護者同士で工夫事例を紹介し合う際に、スタッフがその対応上のポイントなどの説明を加える。

写真10　教え合いっ子の様子 1

保護者の皆さんがそれぞれ紹介し合っている場面
皆さんとても興味深そうに聞き入っている。

写真11　教え合いっ子の様子 2

ます（環境設定の工夫やコミュニケーションの工夫などの写真をデータや実物を提出してもらいます）。集めた事例を項目ごとに整理して，ポスター発表用にまとめます。「教え合いっ子」当日は，スタッフがファシリテーターとなり，ポスター発表形式で保護者から工夫したことを具体的に説明してもらいながら，実際に対応して上手くいったことと苦労していることを，参加者全員でシェアしていくように進めていきます。

保護者同志でさまざまな困りごとへの具体的な対応のアイディアをシェアすることで，クラスの療育の中で取り組んでいることが生活に結びついていくことを実感したり，より身近な子育ての工夫として活かすことができることを保護者が実感したりする機会になっています。

また，多くの工夫事例と保護者の実感が響き合うダイナミズムは，日々の子育ての中で，子どもへの対応の困難さから有能感を得られず子育てへ前向きな気持ちを持ちにくくなっている保護者を勇気づける時間にもなっています。

写真12　保護者の工夫１

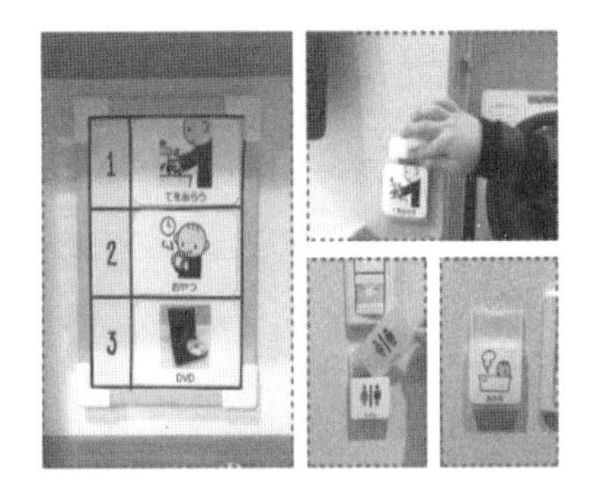

写真13　保護者の工夫２

写真14　保護者の工夫３

図５　教え合いっ子の影響

表2　通園療育報告書・サポートブックの例（一部抜粋）

待ち時間の過ごし方について		
5分位の待ち時間	5分以上の待ち時間	注意点・配慮点
絵本（ベビーブック），電車の写真のパウチカードを見て一人で過ごせます。大人と手遊びを過ごすこともできます。	Youtubeを見て20分程度過ごせます。	じっとして待つことが苦手です。左記の待ちぐグッズがない場合は，動けるスペースあれば誘導してみてください。

（2）サポートブックの作成支援

保護者が，子どもの支援に関わる人や周囲の人に子どもの特性や対応について分かりやすく説明できるように，書面（＝サポートブック）にまとめていく作業を支援します。

通園療育では，親子通園というスタイルで保護者や他の家族が療育活動に一緒に参加するスタイルをとります。そこで保護者は子どもの活動への参加の様子，周囲の大人・子どもへのコミュニケーションの取り方などを，発達特性という視点からスタッフとともに観察していきます。そうした作業を通して，子どものことを客観的に捉えながら，どのような関わり方の工夫が必要なのかを改めて整理していきます。

療育活動への参加や学習会への参加というプログラムの目的が子どものことを理解することとすれば，このサポートブックの作成は，保護者支援活動のまとめ的なプログラムになります。

書式の内容は，具体的・実際的でサポートブックを見た人が，子どものイメージを持ちやすくどう対応したらいいか分かりやすい項目になっています。

このプログラムは，スタッフがファシリテーターになり，記入のポイント，まとめ方を提示しながら進めていきますが，グループワークの特性を活かして，それぞれ保護者が記入したことを紹介し，記入した内容をお互いに参考にできるようにします。保護者は，このサポートブックの作成作業を通して，改めて子どものことを客観視するとともに，特性への配慮，対応のポイントを，子どもを支援する周囲の人へどう伝えていけばいいかを考えていきます。

7．小学校への「引継ぎ3点セット」

就学前まで通園療育を利用している子どもへの支援として，就学先への引継ぎを行っています。引継ぎの内容は次のとおりに行い，地域の小学校，特別支援学校からも，引継ぎについての問い合わせの電話が入るようになっており，療育センターと学校との連携事業として定着してきました。

（1）就学予定先の先生が療育場面を見学（入学前）

就学前の2～3月に，お子さんの就学予定校の先生が療育センターに来所し，通園療育場面を実際に見学します。その際に担任スタッフと子どもの情報を共有します。

表3　通園療育報告書・サポート

スケジュールの伝え方	実際の実物スケジュール
〇〇くんの強みを活かして視覚情報で理解しやすいように伝えました。写真や絵ではまだ理解しにくいため，実物で示しました。 本児用のスケジュールボードを使用し，次の予定を１つだけ示しました。〇〇くんは，スケジュールボードに移動して，予定を示した実物（園庭遊びを示す帽子）を持って，園庭に移動します。	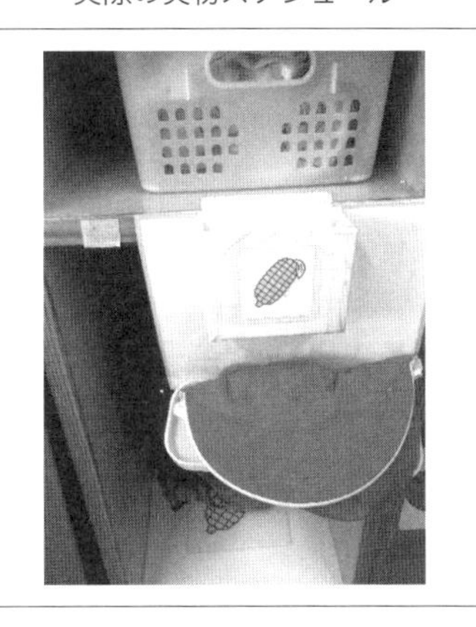

（2）通園療育報告書の作成（入学前）

担任スタッフが，通園療育での子どもへの支援内容についてまとめた文書（報告書）を作成します。内容は，子どもが安心して過ごせる環境設定，コミュニケーションの方法，指導教材，食事の際の介助方法・食形態など，通園療育で子どもに合わせて工夫した支援について，ポイントを記入します。また，書式には，支援内容の説明に写真を活用し，具体的に伝わりやすいように工夫しています。

（3）就学先の担任との情報交換（入学後）

子どもが入学した学校へ通園療育の担任が訪問し，小学校での生活の様子を見学した後に学級担任の先生と情報交換を行います。

就学に伴う支援のシステムとして上記３点セットを実施しますが，就学後は担当ソーシャルワーカーが学校生活での困りごとなどを含めて，相談の窓口となっていきます。

8．公開療育・公開講座

通園療育を利用した子どもだけではなく，療育センターの外来診療を利用した子どもも地域の小学校，特別支援学校に進んでいくことになります。そこで療育センターの地域の関係機関との連携・支援事業として，対象エリア内の学校教員向けに，実際の療育プログラムの見学，公開講座を行っています。

具体的には，学校が夏休みになる８月に２日間の日程で実施しています。１日目は知的障害の子どもへの支援場面の見学と講義，２日目は運動障害のある子どもへの支援場面の見学と講義を

表4 〈当日のプログラム〉

内　　　容	主担当
〈講義〉川崎西部地域療育センターの療育システムについて	地域支援課長
〈講義〉集団療育での適切な個別化した支援に向けて	通園課園長
〈講義〉不器用な子どもたちへの支援について（対象：知的障害）	作業療法士
〈講義〉重度心身障害のある子どもへの支援について（対象：運動障害）	理学療法士
〈見学〉通園療育を中心に療育センターの見学	通園課主任他
〈ディスカッション〉公開療育・講座に参加しての感想と意見交換	通園課園長

行います。学校教員からは療育センターの存在は知っているものの，就学前に障害のある子どもがどんな支援を受けてきているのか分からないという声もあり，この２日間の公開療育・公開講座に興味関心が寄せられています。

9．通園療育の課題とこれからの支援に向けて

（1）療育システムの柔軟性

通園療育のシステムは，知的障害のある子どもには，３歳児から週１日，週２日のクラス設定，運動障害のある子どもには２歳児から週１日のクラス設定を行うなど，年齢や発達状況により，柔軟な受け入れができるように取り組んできました。しかし，療育センター以外の児童発達支援事業所を併行利用する子どもが増えており，利用者にとっては「療育の利用方法の選択肢」が増えています。また，家族の就労状況から親子通園を利用すること自体が難しくなっているという側面もあります。そのような背景を踏まえ，通園療育を必要としている子どもと家族へサービスが届きやすくなるように，利用者ニーズの視点から，さらに柔軟で効果的な新たな療育システム作りが求められているように思います。

（2）専門性の高い療育と職員の育ち

利用者の「療育の利用方法の選択肢」が増える中，療育センターの通園施設としての独自性や専門性の向上を図ることが求められています。知的障害，運動障害のある子どもの学齢時期から成人期に向かうまでの発達や生活を見据え，幼児期に必要な支援，より効果的な支援プログラムについて，子どもたちの成長を追いながら，さまざまな知見を深め研究していく必要があります。

そのためには，スタッフ一人ひとりの成長が不可欠ですが，特に，「構造化」の意味や支援プログラムの根拠を説明できることが大切なポイントになるように思います。また，そうした療育の理念を後輩に伝承できるスタッフを育成する組織になっていくことがますます重要であると感じています。

コラム

通園療育を卒園したＡくんの保護者より
――子育てを支える　療育というつながり――

うちの子が初めて療育センターの門をくぐったのは，２歳３カ月のことです。

きっかけは，２歳離れた上の子と生まれてすぐから遊びに行っていた子育て支援センターの先生から，「彼はお姉ちゃんとはちょっと（発達の様子が）違うみたい」と言われたことでした。

言われてみれば，確かに名前を呼んでも振り向かず，ぐるぐる回ったり跳んだりはねたりが大好きで，回すのも好きだから，ひもや麺類はクルクルっとカウボーイのように回していた時期でした。

おやっと思いながらも，おしゃべりができなくても，男の子だからだよねとか，お姉ちゃんと違うだけだよねと，今考えると，私にとっては認めるのが怖かった時期でした。

だから，その先生の物言いは私を傷つけないためのとっても優しいものでしたが，思った以上にショックで，まるでドラマの一場面のように周囲はぼやけ，先生の声もずっと遠くに聞こえ，何の話をしたかも曖昧です。

ただその時，療育センターへの相談を薦めていただき，言われたことは覚えています。

「なにも障害のあるなしを決めにいくというのではなく，彼を育てやすくなるにはどうしたら良いかを相談に行ってみたらどう？」

その言葉に妙に納得した私は，すぐに療育センターに電話をして，ソーシャルワーカーの方にアポをとりました。相談に行き着くまで，寝食も忘れてPCや携帯で調べまくったのを覚えています。

今ほど情報が多くはないものの，調べたらたくさんヒットし，コレもコレもコレもあてはまるって。あーもう確定だー！ 彼はもう結婚できない，クルマの運転もできないかもとそれってその時考えること？って今ならツッコミたくなるようなことまで考えていました。

でも相談を受ける頃には，だんだん先のわからないことを悩むことに疲れてしまって，隣でニコニコ笑っている息子を見ながら，可愛いからいいかって思うようになりました。

そう思えたのも，小さくて可愛かったからで，それから苦難の日々が続くのですが…

そんな息子も今では小学５年生。特別支援学校の小学部にお世話になっています。

相変わらず言葉でのコミュニケーションができないので，世の中においては最重度の障害児ですし，小さい時の可愛さは薄れつつありますが，10年前からは考えられないほど子育てが楽になりました。（慣れたとも言います笑）

このように思えるようになったのには，もちろん子どもの特性や周りの環境が大きく左右しているとは思いますが，一番大きかったのは療育センターをはじめとした（うちは療育のリズムも通ってます）療育の存在です。

最初に療育センターに行ってと言われた時には，もう普通ではないと言われているようで悲しくもあったし，なにか特別な世界に入るような感覚がありましたが，今では一般的な子育て（教育）の基本的なことをより丁寧にわかりやすくしたものが療育だと思います。

彼たちの特性上，言葉で言って理解できないことでも，例えば絵カードだったり，写真だったり，声かけの一つ次第でわかることもある。

ダメって言う前に大人がやらないように先回りする。

「走っちゃダメ！」ではなく「歩きます」と伝えるなど，否定からではなく，肯定的な言い方で！と教わりました。

当時は目にもとまらぬ早業で走ったり，困った息子を目の前に，できるかぁー！ってやさぐれもしましたし，余裕なくダメー！と怒り散らしたりもしましたが，言われていたことは障害のあるなしに関わらず，子育てにおいては大事なことかもしれません。

昨今の整理収納ブームやコロナ禍などでも感じますが，私たち大人でも，言葉でつらつら書いてあるよりも，イラストやマークで描いてあるものの方が，頭に，心に入りやすいことも確かです。

まして言葉の理解が難しい子たちにはなおさら。わからないことて，本人が一番不安を感じているのに，ただただ怒られるのは単純にイヤだし，やる気も失ってしまう。

でもやり方ひとつで理解が深まるというのは大きな収穫でした。

発達が凸凹な分，肌で感じたり驚くくらい理解できることもある気がします。（すべて推測ですが…）

やり方によっては，みんながみんなあてはまらないこともありますが，療育センターではいろんな手立てを考え，試していただきました。

頭では分かりますが，これらのことを家でやるのはなかなか至難の業です。

忙しい日常の中でいろんなストレスを抱え，普通の子育てでも大変なのに，ましてじっとできない，気に入らないと癇癪を起こす，自傷や他害があるから目が離せないなど，きっと言葉にしただけでも辛くなるような日常を過ごしているママ（家族代表）には，無事に１日が終わるだけで精一杯です。

そんな時こそ先生方を，ご家族，お友達，周りの方々を頼ってほしいと思います。

私は療育って子どもたちの教育という意味だけではなく，つながることだなと思っています。

子どもたちは一般的に言うような「社会とつながること」は難しいですが，私はうちの子を通して療育センターでたくさんのつながりができました。

一番には，同じく悩みを抱えるママ友さん。ママ友さんとは悩みを共有したり小さな成長を喜び合えたり，パパとでも分かり合えないことが分かり合えたりもします。

そして時には家族よりも彼らのことを理解してくださる先生方。

またセンターや私たちを支えてくださるたくさんの方（自治体の皆さんや地元の方など）がいらっしゃることも知りました。

自分は１人ではない，何かあれば一緒に悩み助けてくれる存在がいると知れたことは，療育センターで得た大きな財産です。

また私は上の子のママ友さんにもとても救われました。

子どものことを話してみると，うちの甥っ子もとか友達の子も…なんて人もいますし，施設で働いていたという人もいました。そして有難いことにみんな息子のことをとても可愛がってくださいます。

私がこれまで前向きに子育てしてこられたのも，このような方々に助けられたところが大きいです。

彼らの子育ては気が遠くなるほど時間を要するし，こんなことやってなんになるんだろうと思うことばかりですが，日々トライ＆エラーです。

自分だけで解決できないときには，時には他の人を頼って助けてもらうこと，それは何も療育専門の場だけではないように思います。

今は本当に情報過多で，私たちの時よりもお母さんの知識が多く，それゆえ専門家への相談者数も膨大で思うように相談できずに困っている人も多いと思います。

子どもにとって何が最適な暮らしか，どうやったら子育てが楽になるか，できることから考え，試してみて成功したら，周りの人たちと共有していく。それが療育かなと今は感じています。

焦らず，慌てず，諦めず！です。

ちなみにうちはできることが多くないので，愛され重視です。いまだ息子のサポーター募集しています（笑）。

第５章　保育所・幼稚園とともに子どもを支援する

発達上の支援ニーズを有する子どもが増えていることを背景として，地域の保育所や幼稚園，学校などにはほぼすべての機関に支援を必要とする子どもが在籍しています。当センターでは，設立当初から子どもが所属する環境で充実した生活ができるように関係機関を対象とした巡回訪問支援を実施してきました。この章ではそうした実績をもとに子どもが生活する関係機関と連携した支援について説明していきます。

地域の機関（主に保育所・幼稚園・小学校など）を対象にした訪問支援は，「施設支援」と「個別支援」に大別されます。障害を持つ子どもたちが所属する地域の機関が支援の質を向上できるよう助言を行うのが「施設支援」です。また，子どもたちが所属する集団において本人の過ごしの質が向上するように療育的手法を織り交ぜて子ども本人を支援するものが「個別支援」です。保育所・幼稚園訪問では，「施設支援」と「個別支援」の両方を常に意識しながら行ないます。

1．訪問支援（巡回訪問，保育所等訪問支援事業など）

（1）訪問支援の目的について

訪問支援の目的は主に次の３点です。

1）所属集団への支援を中心に地域で充実した生活ができるようにすること

障害を持つ子が所属する集団で充実した時間が過ごせるように，またその子どもと家族が地域で安心して生活していけるように支援します。

2）子どもの二次障害を防止すること

保育者や教育者の持つ子どもに合わない認識や対応によって，子どもの自尊心が低下することを防ぐことが大切です。適切な工夫を助言することで保育者と子どもの適応力を高め，二次障害（発達の特性が不適切に扱われたために，心身にマイナスの影響ができること）の発現を防止することが重要です。

3）連携体制の構築・強化を図ること

保育所や幼稚園，学校等で障害への理解や機関連携の有効性を啓発し，当センターと連携して子どもの支援を行う機関を増やしつつ，担当職員を支えながら支援の技術向上を目指します。

（2）訪問支援の意義について

訪問支援は，障害を持つ子どもや配慮が必要な子どもたちが，今この場をうまく過ごせるようにするためだけのものではありません。子どもと家族の生活は将来も続いていきますので，所属施設での初期の関わり，その後の日常的な関わりは大切であり，その後の子どもの人生に長く大きな影響を与えます。このように子どもの特性に応じた適切な支援がなされるように所属機関を支援することは大変重要なことです。そこで地域の機関を訪問する際には，このことを意識して障害を持つ児とその家族のための協力体制を構築するように努めます。所属機関との連携の中で当該児への関わりについて理論に基づいた手法を助言するとともに，今後の統合保育など障害児受け入れの充実（インクルーシブ）につなげる狙いもあります。

2．施設支援の視点

施設支援を実施する上での心構えやポイント，留意点等について説明します。

（1）支援の内容について――訪問先を尊重する意識をもって

訪問する際にはその保育所や幼稚園，学校について知ることから始めます。職員の総数や担当職員の経験年数，補助職員の配置状況なども子どもへの関りに影響します。これらの情報だけでなく，運営方針や保育・教育理念，障害を持つ児に対する思い等を知ることで充実した施設支援に役立てることができます。以下に支援の内容・ポイント等を記載します。

1）所属機関における子どもの状況のアセスメントについて

通常保育や通常授業にて状態を把握し，発達特性による強みや集団生活への支障を見極めます。その際には子ども個人やその人格を問題視するのではなく，「発達特性が主な要因となって起きている現象」を見極めなければいけません。担任やその他の支援者の対応を含め，保育や授業がもたらす子ども本人への影響・集団への影響を見極めます。同時に子どもの集団適応力（対人関係・コミュニケーション・ADL 等）を観察します。

2）支援の提案について

1）の結果を踏まえて保育所・幼稚園・学校等で実施可能な提案を行います。園の方針に基づく職員体制や周りの子どもたちの状況，先生方の技量，物理的な生活環境等の情報をもとにその集団（クラスやグループ）の中で実施可能な助言をすることが重要です。実施が難しいものは助言になりません。

３）モニタリング（振り返り）と再提案について

提案した支援内容についてはモニタリング（振り返り）が必要です。提案し実行された結果を共有し，うまくいったことやできなかったことについて協議していきます。その後必要に応じて内容を修正して再提案を伝えていくことが大変重要であり，このモニタリングと再提案を行うか否かによって効果がかなり異なります。

４）保護者の思いの代弁役について

保護者は子どもが所属する機関には本音を言いにくいものです。保護者と所属機関の関係性に配慮しながら，私たちは支援機関として保護者の思いや希望を代弁することもあります。この役割を果たすためには日ごろから所属機関を訪問し，当センターへの信頼関係が構築されていることが望ましい要件となります。

５）訪問記録について

読み手が短時間で状況を把握できるように，簡潔に要点をまとめます。

６）個人情報の保護について

所属機関を訪問することや子ども等に関わる情報交換をすることについては，保護者の許可は必須となります。その上で，診断名，検査数値，家族の情報，現在までの相談経過などは，保護者同席時に伝えるようにしています。これらの情報については合理的な理由がない限り所属機関に提供すべきではありません。特に医療情報や家族状況などは安易に情報提供せず，子どもの現状確認とそれに合わせた保育，授業等の工夫（手法）に関する助言を中心に支援することを考えています。

７）保護者への報告について

観察した結果や担任からの聞き取りなどによる状況把握後，成長がみられる面・さらに工夫が必要な面の両方を保護者に伝えます。明確な成長ポイントを伝えることはとても大切です。また，園や学校等と確認した工夫点も伝えます。これは家庭での取り組みのヒントを伝えるためと，家庭と所属先の一体的な対応を促すためです。

（2）訪問者のスキル

訪問支援に必要な職員のスキルの中で重要な４点について記載します。

１）定型発達の知識について

定型発達と言われる子どもの成長や発達の基本を熟知していなければ，障害を持つ子どもの状態把握や適切な説明はできません。

2）専門知識について

発達段階や感覚機能，言語コミュニケーションの発達等について，心理職や言語聴覚士等の専門職と同じレベルの知識を持つ必要はありませんが，訪問先に説明を求められたときに概要は話せるように基本的な理解をしておくことは必要です。

3）支援方法の説明技術について

環境設定のあり方など，実際のエビデンスに裏付けられた工夫を伝えることが効果的です。例えば視覚支援の絵カードを使っていても，絵カードを使う「意味（目的）」と使うことの「根拠」，「具体的な使い方」を知っているかどうかで効果は全く異なります。これらを知って，相手に伝える技術が必要になります。

4）障害や疾患に対する基礎知識について

最新の動向等も含め子どもの発達障害や疾患に関する予習をしていきます。厚生労働省や文部科学省の報告書，最新の診断基準など，普段から医療，心理，教育分野から学んでおくと訪問先で役立ちます。専門用語はなるべく使わず誰にでも理解できる表現に置き換えることも重要です。

3. 幼稚園・保育所の先生方に伝えていること
——配慮が必要な子どもへの思い

（1）障害の理解

障害を持つ子どもの生活はその特性や機能だけで決まるものではありません。生活する環境を改善・調整することによって子どもの適応力は向上します。

成人になって「自分は発達障害かもしれない」と受診をする人は「生きづらさを感じている」と言います。発達特性は生まれながらのものですから，それがありながらも，環境を調整して，なんとか成人期まで過ごしてきた人なのかもしれません。乳幼児期に発達特性に配慮された環境設定をすることにより，その後の「生きづらさ」は大きく軽減されるでしょう。この環境設定は「保育の工夫」です。いわゆる「保育」と別物ではなく，子どもに合わせた工夫をすればよいのです。その後の子どもの過ごしやすさが大きく異なることを理解しておきましょう。

（2）うまくいかないことの理解

「ことばの意味の理解」というのは，ことばが理解できるか全く理解できないかということではなく，大事なところを読み取れなかったり，文脈の中の優先順位がわからなかったりすることも指します。

「場面の意味の理解」が難しい子には，今自分は何をすべきかわからない，周りを見て自分の行動に当てはめられないなどといった様子がみられます。

「感覚刺激の受け止めの問題」がある子には，先生の声と外から聞こえる園児の声が同じ音量で聞こえたり，大事な話をしている先生と後ろの掲示物が同じくらい気になってしまうなどがあります。これは決して，子どもが自分勝手なわけではなく，情報処理の特性なのです。支援者はこれを知識として分かっていても，子どもへの対応に生かせないことがあります。

（3）「困った行動」と呼ばれるものの理解

人を叩いたり，教室から出てしまったり，先生が困ることはたくさんあります。困った行動を支援者は「問題行動」と呼ぶことがあります。誰が困っていて，何が問題なのかがとても重要です。実は本人の「わかってもらえない」「やり方がわからない」という気持ちが背景にあるのかもしれません。ここでの大切な理解は「困った行動＝本人が困っている」ということです。困ったときの表現はさまざまで，叩く，突き飛ばすという態度で示したり，乱暴なことばを発したり，困っているのに笑っていたり，うまく表現できていないことが多くあります。解決の糸口は，そんな行動がみられたとき「たすけて」と言っていると考えてみることです。問題とは子どもに生じているのではなく，子どものいるその状況に生じているのでしょう。

（4）保護者支援（保護者と支援者の視点の違い）

保護者支援は「愛情深く育てること」のお手伝いと書きました（第１章　3．家族（保護者・養育者）を支援する）。それを聞いた先生からは「親子が良い関係を作るための支援」ですねと言われたことがあります。その通りです。

ある保護者は，子どもと目が合わないことをあまり気にかけないかもしれません。必ず「治る」と疑いなく思っていることもあります（もちろん間違いではありません）。名前を呼んでも振り向かないので耳鼻咽喉科を受診するかもしれません（これも間違いではありません）。目が合わない，振り向かないことが，子どもの発達特性によるものであったとしても，それに気が付かない保護者や育児を大変と感じない保護者もいます。一方，人知れず，我が子が何が楽しいのかわからずにイライラしたり，ママ友に我が子のことを話すことができず気持ちが次第に追い込まれていることもあります。ちゃんと産んであげられなかった，と毎日辛い思いをしている保護者もいます。

支援者は，このような保護者の思いを，当たり前の，その人にとってのリアルなものとして共有することから始めましょう。地域療育センターなどの専門機関に早くつなごうと焦ったり，少しでも早く子どもの障害を分かってもらおうとしたりすると遠回りになりがちです。地域療育センターは家族がその子を育てていくときに利用できる一つのツールにすぎません。

家族への助言の基本として，「我が子を応援するなら，できることや好きなこと，やりたいことを大切に」と伝えています。子ども時代に発達障害の診断を受けた成人の方が子どものころを振り返って，「もっと自分の話を聞いてほしかった」「話しても叱らないでほしかった」と話していました。子どもが保護者に受け止めてもらうこと，保護者は支援者に受け止めてもらうことが大切なのでしょう。

(5) 保育の工夫――幼稚園・保育所でできる保育のヒント

1) 声掛けについて考える

❶ 比喩的な表現と具体的な表現

比喩的な表現を理解することが苦手なお子さんがいます。例えば,「お口はチャック」「机,お引越しします」「ドアが痛いって言ってるよ」「今,何する時間?」「そんなことしていいのかな?」「お泊りする?」など。小学校でよく聞くのは「書きながらでいいから,耳だけこっちに向けて」などです。障害のある子には,このような抽象的で具体的な行動が直接文脈の中に入らない表現では意味を理解することが難しいこともあります。廊下を走っていたら「走ってはいけません」ではなく「歩こうね」など具体的表現で伝えるようにお願いしています。

❷ やることだけを伝える表現

激しい感情をのせた説得はかえって伝わらないものです。愛情は大切ですが,熱意だけでは伝わらないことも多いです。「周りを見てごらん」「みんな何してるかな」などと伝えても,周りの状況が読み取れないことがあったり,文章の大事なところが読み取れなかったりすることもあります。例えば,「お椅子に座ります」「お片づけをしてください」など,短く,やってほしいことだけを具体的に伝えると理解しやすいことを説明しています。

❸ 肯定的な話し方

「走っちゃダメ」ではなく「歩こうね」と言えば「歩く」という正しい行動を教えていることになります。「走っちゃダメ」はその文の裏側を推測しなければならず,さらにそれを行動に結び付けないといけません。

「叱る」ことの意味は,正しいことを教えるということです。否定的な話し方や禁止では正しいことが伝わらないことがあります。また,大きな声で強く叱るとかえって望ましくない行動が増えてしまい逆効果です。これらに加えて「褒めることを増やす」ことも有効です。

❹ 声のボリューム表

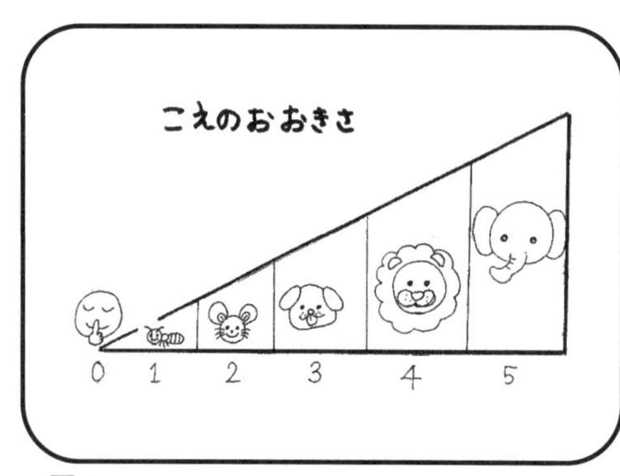

図1

声が大きい,声が小さいなどコントロールが苦手な子どもがいます。声のボリューム表に数字をつけることで障害児にもわかりやすい工夫を加え,伝言ゲームなどの遊びの中で練習したりするとよいでしょう。また,クラス全体で大きな声で歌う,小さい声でみんなと相談するなど集団での声の大きさも練習できます(**図1**)。

２）人も環境の一部

❶ 先生の位置を考える

図２

先生が子どもたちに話をする際，先生の背景には何もないほうが集中しやすくなります。家での食事中も食卓のすぐ後ろにテレビがあったらテレビに夢中になってしまうのと同じです。配慮が必要な子どもたちは刺激（見えるもの，聞こえるもの）から重要なものを整理して選び取ることが苦手なので，「先生を見て」という前に，気が散りにくくなるように環境調整が必要です（**図２**）。

❷ 子どもの席位置の検討

なるべく楽に先生が見える位置が望ましいと思います。介助がしやすい席という場合もありますが，子ども自身の能力（見る力や聞く力など）を環境調整によって最大限に発揮させることを大切に考えてみるのもいいかもしれません。また，模倣の力があるお子さんは，目の前や隣によいモデルになる子どもがいると力を発揮しやすくなります。

先生に視線を向けて目で追うのは何気ないことですが，実は難しいことでもあるのです。幼稚園や保育所の先生は，子どもたちに話をするときは動かずに立ってお話ししています。これは幼稚園教諭や保育士としてのスペシャリストのテクニックだと思います。配慮が必要な子どもたちにはとても重要で，もし動きながら話をされると目で追う力を使わなければならなくなります。目で追いながら，話を聞くなど同時タスクの遂行が難しい障害児は他のことに注意が向いてしまいます。

視線の距離も重要です。目標となる先生までの間に刺激となる玩具があったら先生には視線は届きません。そうすると「ちゃんと見ていない，集中できない」と評価されてしまいます。これも環境調整（保育の工夫）で対応できます。すぐに成果が出るわけではありませんが，毎日，何回もこのシーンがあるとすればいずれ差は大きく出てきます。ちょっとした保育の工夫で発達を促すことができるので試してみる価値はあります。

❸ 活動の導線（動線）

視線と同様に子どもたちが動く導線にも配慮があると，障害を持つ子どもは助かります。「ロッカーからクレヨンとハサミを取ってきてください」と先生が指示を出したとき，子ども同士がぶつからない（トラブルの回避），寄り道ができない（興味，注意の転導），忘れない（記憶の維持）などを考えた席を検討してみるのもいいかもしれません。また，先生の指示を減らしてみたり視覚支援を活用したりするなど，先生のスキルを使うのも方法です。

3）視覚支援を考える

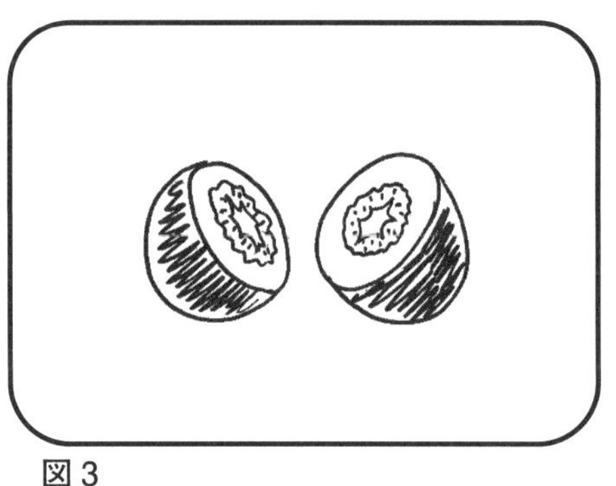

図3

この食べ物は何でしょう？

丸い果物で茶色です。切ると緑？　黄緑？　毛が生えてるみたい。触るとかゆくなる。

これを読んでくださっている方は「文字を読んで」答えを導き出しています。これが音声テープなら「耳で聞いて」答えを導き出します。では一番理解しやすいのはというと,「目で見て」理解することです（視覚障害者は除く）。見れば一瞬でわかると思います。これを利用したものを総合して視覚支援と呼び, 絵カードを使った支援だけを指すものではありません。

視覚支援を有効に使って理解しやすくすることで, 子ども自身が行動や正しいことを学んでいくことが目的です（**図3**）。

❶「視覚支援」の本質を知る

まずは自信を持って視覚支援に取り組んでください。障害児だけではなく, どんな子にとっても「育ち」の助けや自立の手伝いになります。かつて「視覚支援に頼ってばかりでは, 無くなるとできなくなるのでは？」という質問をよく受けましたが, 視覚支援は正しい行動や物事の考え方などを学んでいくためのツールです。視覚支援そのものを学ぶものではありません。また,「やってみたけど効果がない」という話も聞きました。魔法のようにできるようになるわけではなく, 時間をかけて理解していくものです。すぐにやめてしまうと学ぶチャンスを奪うことにもつながります。

❷ スケジュールの工夫例

図4

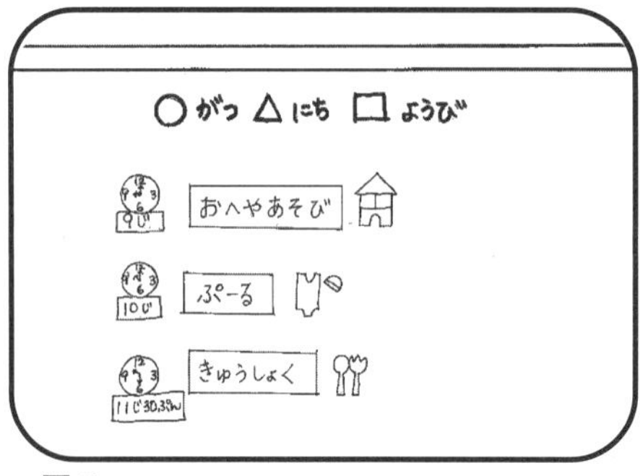

図5

視覚支援の一つとしてスケジュールがあります。学校であれば時間割です。発達障害のお子さんは先の見通しを立てることが苦手です。目で見てわかる情報で次に何が行われるかを予告することで安心して取り組めます（**図4**）。

予測が立ちやすい環境を作ることで, 次の行動の見通しが立ち, 今行っていることの持続力につながります。また, 次の行動に向けて意欲を持つことも経験できます。

物事には始めと終わりが存在します。スケジュールを活用することで始めと終わりに意識が向き切り替える力も成長します。このように視覚支援としてスケジュールを活用することで言葉の理解が深まります。また, 次に向けた「やる気」となります（**図5**）。

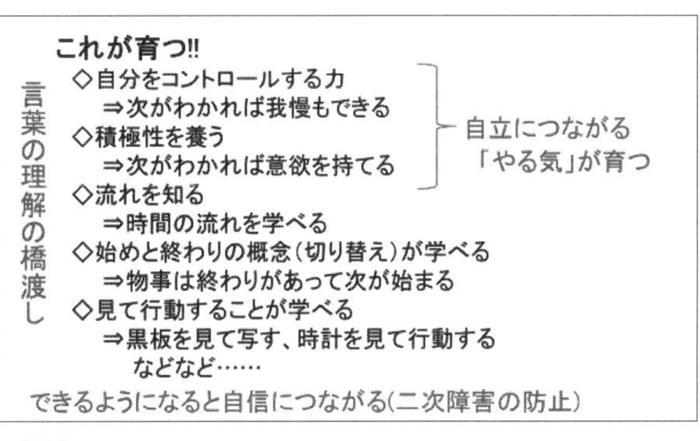

図６

❸ 時間の流れを伝えましょう

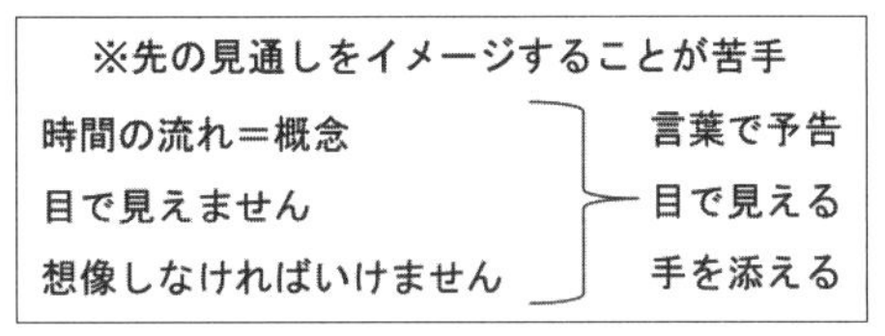

図７

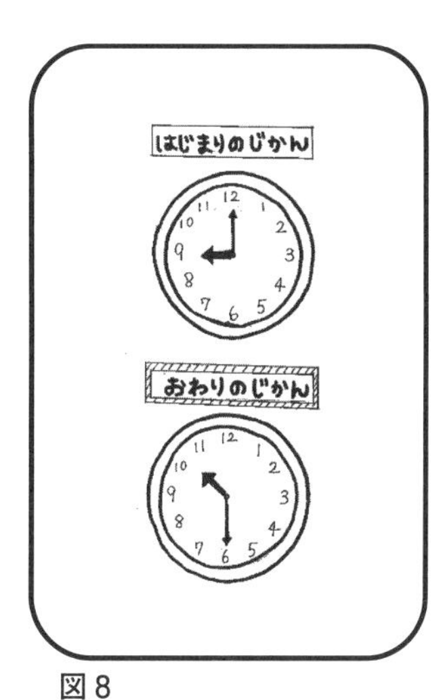

図８

時間は概念なので教えることはとてもむずかしいと思います。スケジュールの活用に合わせて時計を使って始めと終わりを意識させたり，目標に向かう時間配分を経験させてみましょう。

❹ 手持ちのカード

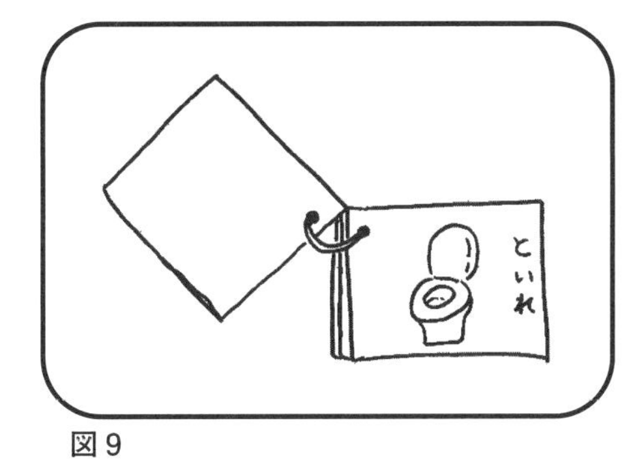

図９

先生のエプロンの中にそっと忍ばせておくツールとして有効なのが行動を促すための絵カード（視覚支援）です。お子さんに合わせて写真を使ったりひらがなを使ったりするとよいでしょう。トイレに行くように言葉で促してもなかなか行動に結びつかない場合などに視覚情報としてとってほしい行動を（トイレに行く）入力してあげることで理解を促します。また，視覚支援を使うときの留意点としては，きちんと見せる・意識を向ける・興味を持たせる・見やすいサイズにするなどに気をつけます。もちろん一緒に行うなど手伝ってもかまいません（**図９**）。

4）部屋の環境を考える

教室内の整理整頓は，刺激の整理という点からクラス全体の落ち着きに関わってきます。例えば，ロッカーの整理ができていなければ，子どもが物を取り出すときにさらに乱雑になって失くし物をする可能性があります。また，適切な見本・モデルをみて学ぶ子どもたちにとって整理整頓を学ぶこともできなくなります。

整理整頓を学ぶ（自立に向けた視覚支援の例）

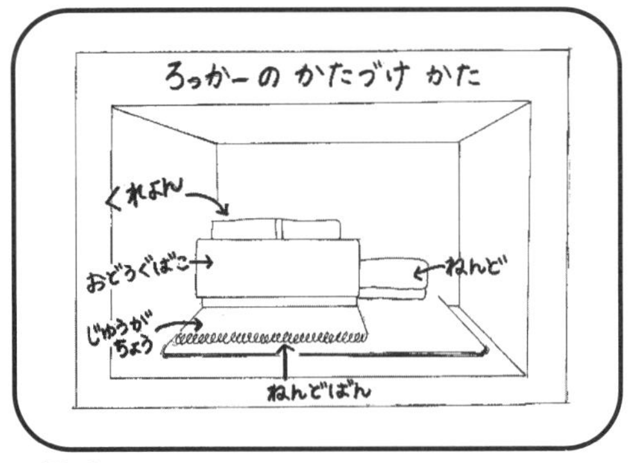

図10

ロッカーの前に貼っておくことで整理整頓を学んでいけます（図10）。トイレの入り口にも足型や四角いマークをつけることでサンダルの脱ぎ方やそろえ方を覚えます（図11，図12）。

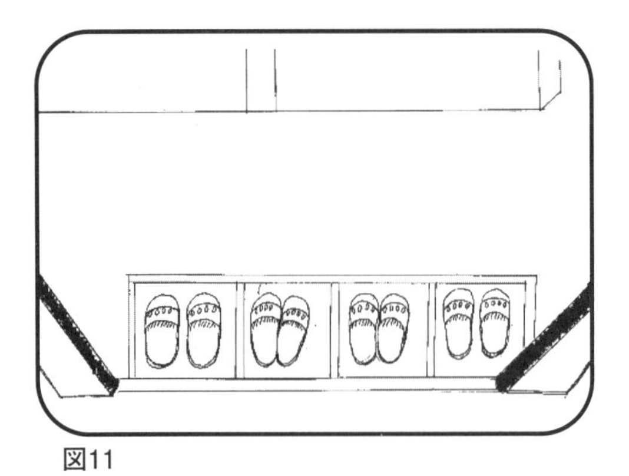

図11

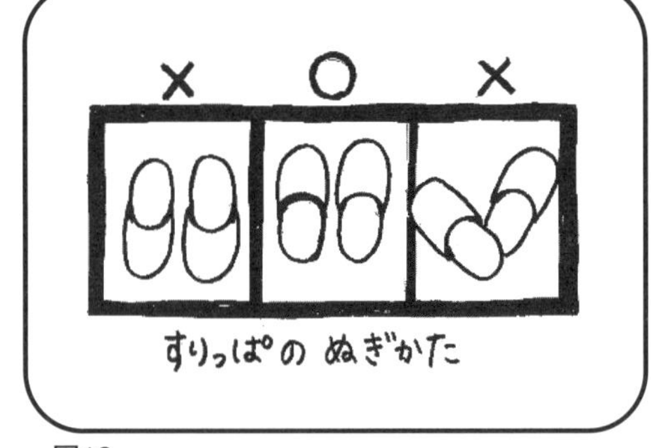

図12

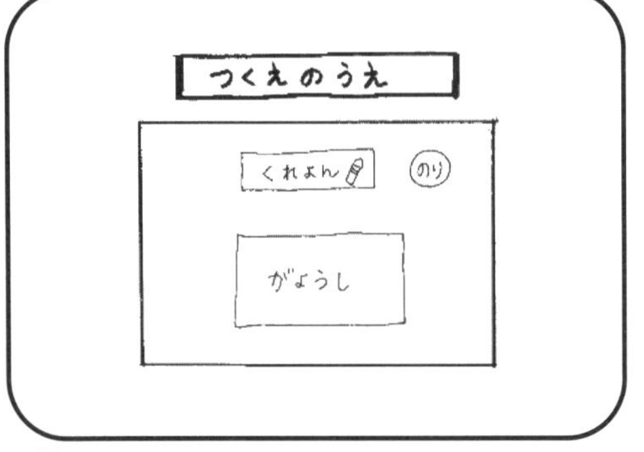

図13

机の上の道具の置き方も見本（視覚支援）を提示することで取り組みやすくなります。同様にお弁当や給食の置き方も学ぶことで飲み物をこぼす回数が減ることもあります。これらは失敗経験を積み重ねることで自信を失い自己評価の低下を予防することが大きな目標です（図13）。

5）課題活動を考える

配慮が必要な子どもたちにとって制作活動は，クリエイティブな創造性を育むこと以外にも大きな意味を持っています。まず，興味を持つ幅が狭い子にとっては興味を広げる機会となり，次に道具（ハサミ，のり，ペンなど）の使い方を学ぶ機会にもなります。道具の正しい使い方は，最初に覚えてしまうのがコツです。

先の見通しがつく課題の進め方

七夕やクリスマスなどイベントに合わせた制作を課題に取り入れることも多いと思いますが，イマジネーション（想像する力）が弱いお子さんは，何のために制作しているのか思い描けないこともあります。そのためにまずは具体的なものを見せて説明するとよいと思います。例えば，去年の作品展の様子を写真で見せたり，発表会のビデオを見せたりすればイメージが付きやすくなります。

次に制作の内容ですが，作る物の完成見本（ゴール）があると取り組みやすくなります。そして実際に作る場合は「手順書」といわれる解説書，設計図のようなものがあると助けになります。「順番通りにやれば完成（成功）するよ」というもので，折り紙の手順が書かれた書籍はたくさん売っています。

先生が「自由にやってごらん」「自分の好きなものを描いてごらん」「思い出して描いてごらん」「間違ってもいいよ」という何気ない優しさから発せられた言葉は，想像することが苦手なお子さんにはとても難しく感じることがあることを知っておく必要があります。

6）自由時間を考える

自由時間の大きな目標は，「時間を上手に使うこと」を学ぶことです。一人遊びでもかまいません。人は一人で過ごす時間が多いものです。ただし時間を使うには，遊びのレパートリーが増えていくことが望まれます。はじめは毎日一つの遊びしかしない子も，興味の広がりとともに時間を上手に使えるようになります。実はこれが問題行動の抑止につながります。

子どもたちが思いきり園庭で先生と遊ぶ姿はとても輝いています。ときには物の取り合いが起こることもあると思いますが，取り合うなかで譲り合いを覚えたり，喧嘩をして相手の痛みを知ったりすることも学びの一つだと考えます。

しかし，障害のある子は間違った学習（誤学習）をする可能性もあります。「叩けば玩具が手に入る」と思ってしまったり，逆にやられて「毎回辛い思いを積み重ねる」という状況になってしまうこともあります。そして，この誤学習を後から修正していくことは難しくなります。もちろん起きてしまったアクシデントには適切な指導が必要ですが，もし事前に防ぐことができれば誤学習のリスクを減らすことができます。

発達障害児の特性の一つでもある「こだわり」からくる修正の難しさも考慮し，早期からの適切な行動の習慣づけが大切です。

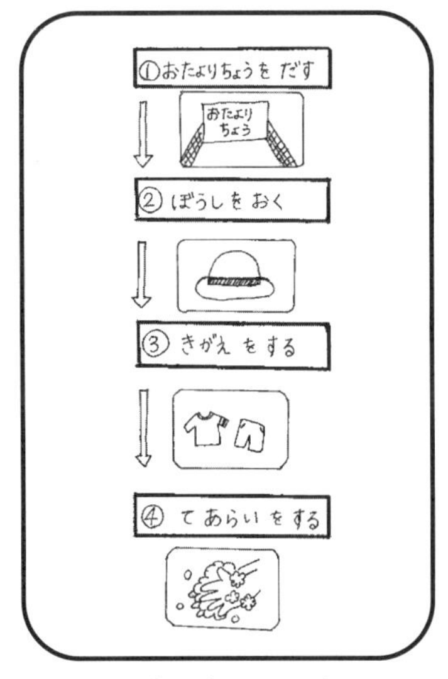

図14　手順書の例　朝のおしごと

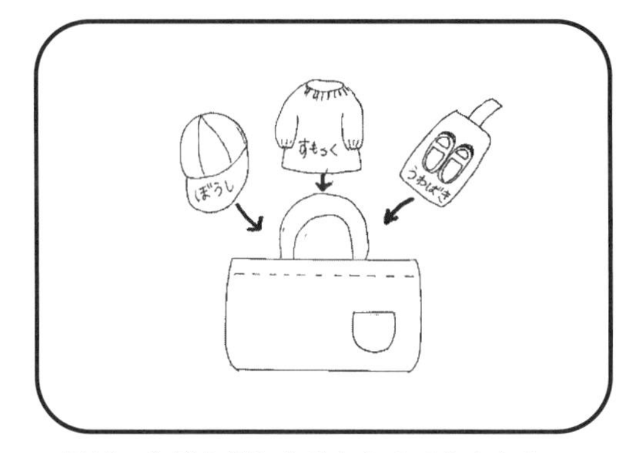

図15　お持ち帰りもひとりでできます！

7）身の回りの行動の自立を考える

子どもが自分の身の回りのことをできるようになる（自立）ためには，子どもが一人でできるように頑張らせるという方法よりも，手伝いを受けながら成功体験を積み重ねるほうが近道となります。つまり大人は手伝ってもよいということです。手伝ってもらい・うまくできて・褒められて終わる，これが達成感となり，この積み重ねが自立へとつながります（**図14，図15**）。

8）母集団を考える

障害を持つ子がいるクラスを運営するポイントは，その子が所属する母集団をうまくまとめることです。母集団が落ち着くことで障害を持つ子どもも過剰な刺激から解放されます。

母集団をまとめるというのは，どの子でも安心できる場所作りをするということを意味します。そのためにも視覚支援を有効活用してみましょう。きっとトラブルが減ります。例えば，前述した声のボリューム表（**図１**）や教室の整理整頓，子どもたちの席は自由席ではなく固定させる，机といすを活用する，手洗いの順番を待つ位置にマークを付けるなどです（**図16**）。床座りでの姿勢保持は難しいです。

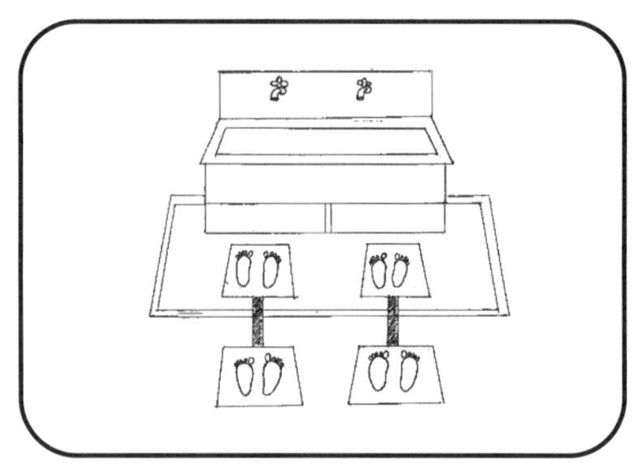

図16　視覚支援の活用例　手洗いの順番を待つ位置

最大の目標

二　次　障　害　の　防　止！

自信を失う　→　僕、私は何をやってもダメ

＜自己評価を下げない＞

図17

最後にお伝えしていることは，二次障害の防止です（図17）。

二次障害の大きな要因は自信を失い，自分自身の評価が下がってしまうことです。自己評価が下がる要因は，叱られることが多かったり繰り返されたりすること，尊重されず，出番の機会が減り，良さを発揮できないなどがあります。しかし，自己評価の低下を対応によって防ぐことも可能です。今まで述べてきた通り，子どもを変えようとせず環境を整えたり支援者の声掛けなどの対応を工夫したりすることです。

……Universal な保育・全員が Special……

どの子にも優しい，どの子もつらくない，どの子も自信が持てる Universal な保育。

障害児だけ特別扱いできません。ではなく，どの子にも特別扱い，全員が Special。

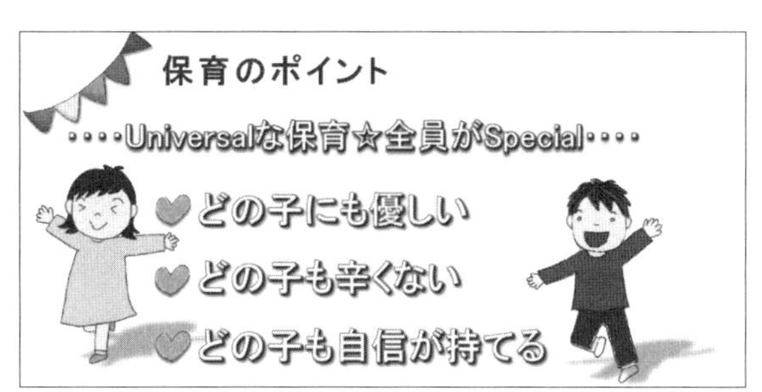

図18

本章のイラスト：阿萬展子

第６章　学齢期の子どもを支援する

1．地域の学齢期支援における療育センターの役割

当センターは０歳から18歳までの子どもを対象にしていますが，小学生以上の学齢期の利用は全体の２，３割程度です。学齢期の子どもと家族は，学校等（学校及び教育センター，通級指導教室，適応指導教室など）のサポートを日々受けながら，学校等には無い医療や，理学療法士，作業療法士，言語聴覚士によるリハビリテーション，心理士による発達検査・知能検査や心理相談，ソーシャルワーカーによる福祉相談の支援を受けるために来所します。療育センターは毎日来る場所ではないので，学校等や放課後等デイサービス事業所のような，子どもの生活を支える主たる機関にはならないかもしれませんが，子どもの生活における綻びを繕っていくような，子どもを支える人や機関をつないでいくような役割を果たしていきたいと考えています。

この章の前半では，心理士による学齢期の子どもと家族への支援について考えていきます。まず，発達検査・知能検査を行う際に筆者が大切に考えていることを記します。次に，子どもへの支援，家族への支援，家族をつなぐ支援，そしてグループによる支援を考えていきます。その際，子どもへの支援とグループによる支援は“居場所”を，家族への支援は“ねぎらい”を，家族をつなぐ支援は“折り合い”をキーワードにして考えていきます。

2．発達検査・知能検査による支援

(1) 発達検査・知能検査をどのような目的で行うのか

家庭や学校で子どもが困っていて，子ども自身が何とかしたいと思っていてもうまくいかない，家族や支援者から見てもその理由が定かではなく適切な支援が見つからないという場合に，困っていることの理由と有効な手立てを考えていくために発達検査・知能検査（以下，検査）を行うことがあります。

例えば，以下のようなことについて子どもが困っていて有効な支援が見つかっていない時に，選択肢の一つとして検査を行うことを考えます。

（学習面）
- 勉強についていけていないようだ
- 書字に誤りがあったり遅かったりする
- 漢字をなかなか覚えられない
- 音読が苦手である
- 文章題が苦手である

（生活面）
- 忘れ物が多い
- 整理整頓が難しい
- 何度も同じことを聞いてくる
- 気持ちや行動の切り替えが難しい
- 授業中，立ち歩きが見られる

（友達との関係）
- 友達に傷つくようなことを言ってしまう
- 友達に手が出てしまう

（2）検査の実施をどのように提案するのか

検査を受けると，発達指数・知能指数という形で数値化された結果が出るので，家族にとって大きなショックとなってしまう場合があります。また，子どもにとっても，“何か自分に問題があるらしい”，“試されているのではないか”という被害的な体験になってしまう場合があります。したがって，「検査を行なって苦手なことが確認でき，支援を受けることで生活が楽になった子どもを知っています。お子さんにとっても，検査を受けることが役に立つかもしれません」のように，少し控え目で，家族が前向きになれるような勧め方が良いように思います。子どもと家族の身近な存在である担任の先生であっても，家族に対して「検査を受けてきてください」と，簡単にあからさまに勧めることは避けた方が良いと考えています。

療育センターで医師から家族に検査の提案をする時は，検査を何のために行うのかを説明するとともに，検査で子どもの力のすべてがわかるわけではないこと，知能指数という形で結果が表れることなども含め，検査を受けることの具体的なイメージを持てるように伝えます。その上で，家族が同意した時に検査を行います。そして子どもに対しては，困っていることに共感し，共に手立てを考えていきたいこと，そのために検査を行いたいことをわかりやすく伝えて，検査を受けることに納得できるように努めます。

（3）検査結果をどのように活用するのか

検査を通して確認できた子どもの強みやこれまで頑張ってきたことを子どもや家族に伝えることは，親子の安心や自信，前向きな気持ちにつながるため，最も大切なことであると考えています。

検査で子どもの苦手なことが確認された場合，子どもにさらなる努力を求めることには慎重でありたいと思っています。子どもはこれまでも苦手な分野に必死に向き合って，今に至っているからです。子どもに合った目標を設定したり学習方法を取り入れたりするなど，大人が子どものためにできる手だてを考えていきます。例えば，書字にとても時間がかかってしまう子どもが検査を受けて，形を認識するのが苦手であることが確認されたとします。その場合，形の認識力を向上させるための練習を子どもにしてもらうことよりも，子どもが書かなければいけない量を少なく設定するなど，子どもが安心して学習に臨めるような支援を大人が考えていきます。

自分の得意なこと，苦手なことに関心を持っていて結果を知りたいと言う子どもには，家族の意向も確認しながら積極的に検査結果を伝えるようにしています。家族から子どもに伝えてもらうことが多いのですが，本人と家族の要望があれば医師や検査者からも伝えます。強みと思われることを中心に，苦手と思われることも一つほど，対処方法の提案と共に伝えます。

3. 個別での支援

(1) 子どもへの支援

1）どのような時に支援を行なっているのか

学習面での心配，友達関係のトラブルなど学校生活の中で生じていることは，学校等の支援を受けることが多いと思われます。療育センターでは，学校に行けていない，行き渋りがあるなど，そもそも学校等の支援を受けにくい子どもの個別支援を行うことがあります。また，学校生活は順調であるものの，親子関係がうまくいっていないという相談の時に，子どもに会うこともあります。頻度（多くても月に2回程度）や期間などは，子どもと家族と相談しながら決めます。

2）子どもにとって安全で楽しい居場所であること

学校になかなか行けていないという小学校1年生の子どもを遊戯室に誘った時のことです。室内としては広いスペースに，鉄棒，トランポリン，柔らかい素材で作られた滑り台などが設定してあります。一緒に遊んだ後にその子が「こんな楽しいところがあったんだ」と言った時の表情と声の調子は今でも覚えています。その後，面談の頻度は少なかったとは言え，その子にとって療育センターが1つの居場所になっていたように思います。そして，こんな楽しいところがあったんだという体験は，楽しいところを探しに他の場所にも行ってみようという前向きな気持ちにも結びついたようでした。学校等による支援を受けにくい状況にある子どもにとって，それに替わる居場所があることは必要なことだと実感しています。

3）居場所となるための工夫

どのような場が居場所になるのかは子どもによって異なりますが，共通するものもあるように思います。それは，時間と場所とルールが支援者によって“支配”されていないことです。支援者は，子どもと会う前に，何をどのような順番でどれくらいの時間配分で行うのかを知っています。一方で子どもはその時点では何も知りません。大袈裟な表現かもしれませんが，それは支援者の側だけがその時間を支配している状況です。筆者の場合は，時間の始めに，今日は何をどのようなスケジュールで行うのかを子どもと相談をして決めていきます。具体的には，筆者が遊具や玩具（実物，あるいはそれらの写真）をあらかじめ多めに用意して，何をどのような順番で行うのかを子どもに選んでもらうようにします。用意しておいたものとは別に，子どもが，「今日は絵を描きたい」，「パソコンで調べたいものがある」と提案した場合には，できる限り子どもの考えに沿って予定を組み立てていきます。支援者が子どもの意見に充分に耳を傾けてともに時間の過ごし方を考えることは，子どもが尊重されている状況になり，そこがその子の居場所になるための最も大切な要件であると思います。

4）どのような大人として出会うのか

子どもにとっての居場所となるために，私たちはどのような大人として出会うのが良いでしょうか。それを知る確実な方法は，これまでその子にとって相性の良かった先生を子どもや家族から教えてもらうことです。怒ると怖いけれど普段は優しい先生，大きな声で叱らない先生，話がわかりやすい先生，“悪さ”をしている子どもたちを叱ってくれる先生，話を良く聞いてくれる先生，ゲームの話で盛り上がる先生など，その子にとって相性の良い先生はさまざまですが，筆者はその先生に自分を重ねるようなイメージを持って子どもと関わっていくようにしています。

子どもが普段は会わないような大人として支援者が出会うことも，子どもが困っている状況を良い方向に変えていくためのきっかけになると考えています。子どもが今まで経験してきた大人との決まった関係性だけではなく，こんなふうに扱われる違った世界があるのだ，と感じることで状況が変わることがあります。筆者が考える学齢期の子どもがよく会う大人は，まずは教える大人です。教え - 教えられという関係は，必ず上下関係の色合いを帯びます。また，大きな集団生活の場である学校では，自分の話を聞いてもらいたい時に聞いてもらえないことが起こりやすいと思います。さらに，大きな集団生活では規律が求められるために，規律に反した場合には叱られることもあるでしょう。このように考えて筆者は，子どもに教えない，むしろ教えてもらう（例えば子どもの好きなゲームのことなど），子どもの話を良く聞く，叱るという方法を用いない（例えば，「ダメだよ」ということばを使わない，威圧的でない柔らかいトーンで話すなど）大人として子どもに出会うように努めています。

5）子どもの“好きなこと”を大切にする

学齢期の子どもたちの世界では，しばしば，一番になること，勝つこと，人よりも上手いことに価値が置かれます。“負けがこむ”ことは自信の無さにつながってしまうため，それぞれの子どもが得意分野で力を発揮できる場面を支援者が作ることは大事なことです。しかし，勝ち - 負けだけではなく，得意 - 不得意という考え方にも，人と比較して優劣を判断する価値観が入り込んでしまいます。自分よりももっと得意な人に会うと，却って自信を無くしてしまいます。「得意なことは思いつきません」と言う子どももいます。したがって，得意なことよりも，その子の好きなことに支援者が興味を持って大切にすること，そして，好きなことがあること，それに打ち込めることが何よりも大事なのだというメッセージを子どもに伝えていきたいと思っています。

個別支援の場では，Switch，カードゲーム，工作，ピアノなど，その子の好きなことで一緒に時間を過ごします。好きなことが大切にされる場所というのは，やはりその子にとっての居場所となります。

（2）家族への支援

1）どのような時に支援を行なっているのか

子どもの発達のこと，子育てのこと，子どもとの関わり方のことなどで相談をしたいという要望があった時には家族と面談を行います。頻度（多くの場合は月に1回程度）や期間などは家族と相談をしながら決めます。

2）ねぎらい

私たちの家族へのねぎらいが最も良く伝わる方法は，これまでの子育ての道のりを丁寧に聞いていくことであると思います。まずは，今現在困っていること（主訴）を中心に，その主訴はいつ頃からあるのか，困り方の移り変わりはあったのか，少しでも有効と感じる手立てがあったのかを聞いていきます。そして，これまでの道のりに目を向けるだけではなく，今後どのような道のりになっていくことを望んでいるかも聞きます。そうすることで，望まれる方向性への家族との協力体制が築きやすくなります。さらに，困っていることだけではなく，家族が子育てで楽しいと感じることや，子どもの好きなこと，楽しそうにしていることなども教えてもらうと，支援の方法を考える上でのヒントになりますし，何よりも子育てにおける“プラス”の面にも意識を向けてもらうことになります。

子育ての長い道のりを歩いて来た学齢期の家族に，励ますつもりで「頑張りましょう」，「乗り越えていきましょう」と支援者が声かけをするのは，酷になる場合があるようです。子育てを山登りに例えるならば，学齢期の家族は乳幼児期から学齢期までの子育ての道のりを歩いて，相当に高い所まで来ています。「これまでの子育てはずっと困難な山登りをしてきたようなものです。親子でいかに安全に山を降りて行くか，を考えるお手伝いをさせてください」と伝えると，家族のこれまでの歩みをねぎらうことになります[注2)]。

3）相談歴の確認

家族があまり多くを語らなかったり，逆に，一方的に話を続けたり，こちらが提案したことを否定したりすると，私たちはついつい，協力的ではない家族であると考えてしまいます。このような場合には，まずは乳幼児期以降に出会ってきた支援者等との相談歴による影響かもしれないと考えてみると良いと思います。例えば，これまでの相談の中で自分の考えを否定されたり，支

注2）中井久夫（1998）は，統合失調症の回復の過程を，山を登る時ではなく，山を下りる時に似ているとしています。ある時，この話を中学生の子どもを持つ一人のお母さんにしたところ，「私の子育ての今も山を安全に下りていくと考えると少し気持ちが楽になります」，と話してくれました。それ以降，筆者は，学齢期の保護者と話す時には，しばしば，安全に山を下りていく手伝いをさせてください，と伝えています。

引用文献：中井久夫（1998）最終講義　分裂病私見　みすず書房

援者ばかりが話をして自分の話を十分には聞いてもらえなかったり，生活の中で実行するには無理のあるアドバイスをされるなどして，嫌な思いをしてきたのかもしれません。これまで誰にどのような相談をしてきたのか，相談することが役に立ったのか，どのようなアドバイスが役に立ったのかあるいは役立たなかったのかを支援のはじめのうちに聞いておくことは，家族の言動に対する私たちの理解を深め，支援が家族の思いとは異なるものになってしまうことを防ぐ効果があります。

４）持ち味の尊重

子どもが望んだ通りにすることを，過保護なのではないかと心配する家族がいます。また，子どもに自信が無いのは叱ってばかりいる自分のせいではないかと悩む家族もいます。私たちが子どもの特性を尊重するように，家族の持ち味，特性を尊重することは大切なことです。“優しさ”が持ち味の家族に対して，子どもの要求を何でも聞いてはいけませんとか，“毅然さ”が持ち味の家族に対して，子どもに優しく接してあげてくださいと，持ち味に合わないことを多く求めることは，家族のその人らしさを否定することになってしまいます。ただ，今までのやり方でいいのだろうか，何かを変えなければいけないのではないかと悩まれている家族も多くいます。その場合は，その家族流の子どもへの普段の関わり方を尊重しつつ，例えば，子どもの要求に応じることが過保護なのではないかと心配している家族には，家族からの要求をまずは一つ子どもに伝えてみることを，叱ってばかりいることで悩んでいる家族には，子どもの頑張ったことをまずは一つ見つけてほめてみることを提案します。これまでの自分の関わり方を家族が全否定してしまわないように，微調整を一緒に考えていくことが家族への支援になります。

（3）家族をつなぐ支援

冒頭で述べたように，筆者は，子ども - 家族 - 他の支援者，を療育センターがつないでいくことを大事な支援と考えています。子どもと家族 - 学校をつなぐ支援については，「地域療育センターでの小学校連携の実践例」に譲り，ここでは，子ども - 家族，家族 - 家族（お母さん - お父さんなど）をつなぐ支援について考えていきたいと思います。ポイントは，考え方や行動について，子ども，家族，支援者の中で全く変わらなくてもいいという人はいないということです。それぞれが少しずつ変わってみるように伝えることであると思います。

１）子どもと家族をつなぐ

親子間のコミュニケーションがうまくいっていないという相談の場合に，子どもと家族と三者で面談をすることがあります。家族には，子どもに言い聞かせる場ではないこと，子どもには，あなたの話を聞きたいと思っていることを，あらかじめ伝えておきます。話し合いを始める前に，自分の思っていることを自由に話していいこと，相手の話を最後まで聞くこと，質問をしていいこと，支援者が司会役を務めること，話し合うことで親子が折り合って良い方法を見つけていく場であることを共有しておきます。そして，話し合いの中で親子がお互いに歩み寄った方法を１つ確認して，次回までその方法を実験的に行なってもらい，その結果を教えてもらうこととします。しばしば話題になるゲームと宿題のことを例に挙げます。

子どもは，家に帰ってから夕食の時間までゲームをやりたいと考えています。家族は，まず宿題を終えてからゲームをやってほしいと考えています。親子の考えを聞いた後，中くらいの方法を一緒に考えていくことを支援者が提案します。その結果，例えば，帰宅後15分宿題をして，その後夕食までゲームをし，夕食後に残りの宿題をする，という方法で親子が折り合えたら，その方法を実行してもらい，どうだったかを次の面談で報告してもらいます。方法の内容も大事ですが，親子が折り合って１つの方法を見つけること自体を大切にします。家族からは，「親子で向き合うとお互いに言い合いになってしまうけれど，第三者が入ることで冷静に話し合えます」，「家庭でも親子で話し合ってみようよという感じになってきました」などの感想をうかがうことがあります。

２）家族と家族をつなぐ

子どもとの関わり方に関して，家族の間で考えが異なることはしばしばあります（ここでは，相談に来た家族をお母さん，お母さんとは考え方の異なる家族をお父さんとします）。支援者は，相談の場で話したこととお父さんの考えとの間でお母さんが板挟みにならないように配慮する必要があります。「もしこの場にお父さんがいたら，何て言うでしょう？」「お父さんの協力は得られそうですか？」と，確認をしながら話を進めていきます。そして，「お母さんと支援者の２人で話すよりも，お父さんにも入ってもらって３人で話した方が，お子さんに合った良い方法がもっと見つかると思うので，お父さんの力を借りたいです」という支援者のメッセージをお母さんからお父さんに伝えてもらいます（お母さんが，そのことに賛成してくれたらですが)。お父さんが面談に来てくれたら，お子さん - お母さんとの三者面談の時と同様に，お母さんとお父さんの考えを聞いた上で，両者が折り合える方法を一緒に考えていきます。

4．グループによる支援

(1）学齢児グループをはじめた経緯

学齢期の子どもへの開所当初の支援は，診察，検査，各種リハビリテーション，福祉相談，学校訪問（コンサルテーション）などの個別支援だけで，幼児期における児童発達支援センター（通園）や児童発達支援事業所に相当する集団での支援はありませんでした。その後開所２年目に学齢児支援の拡充に向けたプロジェクトを立ち上げました。準備の過程で，①小・中学生を対象としたグループ活動，②学齢期になって発達障害の診断を受けた子どもの家族を対象としたグループ活動，の２つに候補を絞り，最終的には，小・中学生を支援するグループ活動を行うこととしました。開始された2012年（平成24年）度から，グループの基本的な概要は変わっておらず，以下のようになります。

(2) グループの概要

名称：学齢児グループ

対象：小学校4年生から中学校3年生まで
療育センターを利用していて，知的に顕著な遅れはないものの，対人関係において何らかの課題があると思われる子ども，診断がついている必要はありません。

目的：安心できる場で自由に過ごし，話し，遊び，お互いを尊重し合える体験を持つこと。支援者は，子どもたちの自主性を尊重し，成長を見守ります。

定員：10名程度

支援スタッフ：5名のスタッフ（現在は，心理士1名，言語聴覚士1名，ソーシャルワーカー2名，管理課職員1名），大学院生や大学生のボランティア1，2名に入ってもらう場合があります。

頻度：毎月第1，第3金曜日

時間：15時から15時30分まで：ウェブ会議システムを用いたオンラインでの活動（新型コロナ感染症流行以降）を適宜行なっています。
15時30分から17時まで：来所での活動です。

場所：療育センター内の和室（12畳程度の部屋），話し合い等の時には，話し合いへと気持ちを切り替えやすいように会議室を使用します。

活動：
（内容）・料理（人気の活動。新型コロナ感染症の影響で中止していましたが，令和5年度は4年ぶりに行なっています），最寄りの広場での球技やフリスビー，トランプやウノなどのカードゲーム，人狼などのコミュニケーションゲーム，Switch や Wii などのゲーム，好きな読書紹介，特技発表会，卓球・ダーツなど室内遊戯の組み合わせ，ハロウィンやクリスマス会などのパーティー，ウェブ会議システムで行えるアナログゲーム

【特別活動】
・1泊2日の夏のキャンプ（最も人気のある活動です。新型コロナ感染症の影響で行えていませんでしたが，令和5年度は4年ぶりに行なうことができました）
・1日外出レクリエーション（フィールドアスレチック，水族館，動物園など）

（決め方）子どもたちと支援者で向こう3カ月の活動内容を話し合い，基本的には多数決で決めます。司会や書記を子どもたちが担い，支援スタッフは補佐に回ります。子どもたちから挙がった活動内容が実行可能かどうかを支援者が最終的に判断をすることを，子どもたちには事前に伝えておきます。

保護者懇談会：年に3回。スライドによるグループ活動の報告と懇談会を実施します。

(3) 居場所グループとして

この学齢児グループは，コミュニケーション能力の獲得や促進，不適切行動の軽減をねらいと

したソーシャルスキルトレーニング等を行うグループ活動ではありません。開始当初から，支援者のサポートを受けながら，安心できる場での自由なやりとりを行うことで，楽しい集団活動を体験してもらうことを主たる目的に行なってきました。学校に登校できることを目的にしているわけではありませんが，活動を続けていく過程で，不登校の状況にあった子どもたちの何人かが適応指導教室につながったり，少しずつ学校に行けるようになったり，放課後等デイサービス事業所も利用するようになったり，中学校時代は不登校であったものの高校からは行けるようになったりという経験をしました。それらの経験によって，不登校や行き渋りなどで，学校等の中に居場所を見出しにくい子どもたちにとって，学齢児グループが一つの居場所機能を果たしているであろうこと，さらには次の活動の場につながるための足掛かりの機能を果たしているだろうと思われました。このように，居場所グループとしての意義をより強く感じるようになって今日に至っています。居場所となるためには，学齢児グループが「コミュニケーションの練習をするための場」ではなく，上記の目的にあるような，「自由に過ごし，話し，遊び，お互いに尊重し合える場」であることが大事なのだと考えています。そして，そのことが結果として子どものコミュニケーション力の向上にもつながっているように思います。学齢児グループを行なっていく上で，私たち支援スタッフの有すべき専門性としては次のことが大切なのではないかと考えています。

① 人と関わることを楽しめること
② いろいろなことに興味が持てること
③ ユーモアを楽しめること
④ 自分の気持ちを伝えられること
⑤ 話し合うことで折り合いをつけられること
⑥ 子ども間の葛藤状況に仲立ちできること

これらすべてについて説明することはできませんが，④，⑤，⑥の専門性に関わるエピソードを次に記したいと思います。

（4）居場所であり続けるために

学齢児グループが子どもにとっての居場所となるためには，自由に伸び伸びと過ごせることが大事ですが，時には相手に言い過ぎたり，それぞれの意見が衝突したり，強い主張を持った子どもの意見が影響力を持ったりするということがあります。

ある時期，下級生の子ども（Ａさん）が上級生の子ども（Ｂさん）に対して何度も「おまえ」と言うので，Ｂさんが強く怒ったことがありました。その場で，「Ａさんは悪気なく「おまえ」と言ったのかもしれないね。でも，言われたＢさんは嫌な思いをするから，『Ｂさん』と言おうね」と支援者が仲立ちをしました。それでもＢさんは納得がいかなかったようなので，その日の振り返りの時に支援者間で話をして，次の回に改めて話し合いを持つことにしました。２人の間の問題にするのではなく，そこに居る皆にとって大事なことなので，ことば遣い全般についての話し合いをしました。これまでの生活の中で，言われて嫌な思いをしたことばを子どもたちに話してもらいました。支援者も言われて嫌な思いをした経験を話しました。嫌な思いをしたことば，言われた時の状況などを，支援者がイラストを用いてホワイトボードに書き込み整理をしていきました。「『お前』は皆に対して使うのをやめよう」，「小学生が中学生に呼びかける時は○○さんの方がいいね」，「皆に対して○○さんと言えば誰も嫌な思いをしないのではないか」など，支援者からいくつか提案をしていきました。すると，子どもたちの方からも「同じ学年の男同士なら○○くんでもいいんじゃないか」，「中学生が小学生に呼びかける時は○○くんでもいいでしょ」などの意見もあがり，皆で納得のできる確認をすることができたと思います。

このように，自由な活動を前提としつつも，それにより誰かが嫌な思いをしてしまった場合に，どのようなタイミングと方法で支援者が間に入るといいかなど，学齢児グループが多くの子どもにとっての居場所であり続けるための専門性を日々磨いていく必要があります。

(5) 家族をつなぐ「保護者懇談会」

最後に学齢児グループの「保護者懇談会」について触れたいと思います。学校等になかなか居場所を見出せない子どもたちの家族にも，学校等の中には相談する相手を持ちにくいという事情があります。したがって，学齢児グループの家族同士のつながりが感じられることが大切で，そのためには，懇談会はふさわしい方法だと考えています。懇談会の冒頭で，ファシリテーター役の支援者は，家族が質問をして支援者が答えるだけではなく，誰かの問題提起や質問に対して，私はこうしているというそれぞれの体験，うまくいった方法，うまくいかなかった方法などを家族から話してほしいと伝えます。特に中学生の家族や，お兄ちゃんやお姉ちゃんが中高生だという家族は，いろいろな経験をしているので，その経験に基づいた話が小学生の家族にとってとても参考になるようなのです。「どうすれば宿題をやるか」，「ゲームばかりしているのを何とかできないものか」，「昼夜逆転の生活をどう考えたらいいのか」，「性についてどのように教えていくのが良いか」，「診断の告知を子どもにどのように行うと良いのか」など，毎回大事なテーマが提起され，話し合いがなされます。所内からは，知識伝達型の保護者会を行なった方が良いのではないかという意見があがることもあります。そのような保護者会も大事なことなので，家族の要望も聞きながら考えていきたいと思いますが，家族間のつながりという観点から，保護者懇談会は今後も続けていきたいと考えています。

写真1　学齢児グループ　かぶとむしを飼育する木箱を作っているところ

写真2　学齢児グループ　近隣の広場での活動

5. 学校等と連携した支援の充実に向けて

学齢児への支援を振り返る過程で，支援が十分ではないことがまだまだたくさんあることに改めて気づかされました。一例をあげれば，学齢期特有の困り事として，学習の不振に関する相談の割合が多いのですが，子どもを対象とした学習支援はこれまであまり行なってきませんでした。それには理由もあり，学習に関する困りごとは学校等での支援に任せた方がいいと思われること，勉強の場になることは療育センターの役割ではないのではないかという考え方もあるからです。しかし，療育センターを訪れる子どもたちの中には，不登校の状況にあって学校等での十分な学習支援が受けられていない子どももいるので，苦手な学習について楽しく学べる方法を私たちが工夫して子どもを支援することは，むしろ療育センターの担うべき役割なのかもしれません。さらには，学校に通いながらも学習に苦労している子どもを対象に，言語聴覚士，作業療法士，心理士などの専門性を活かして，療育センターが学校と連携して支援していくことの可能性も考えていけるかもしれません。もう一つ例をあげるとすれば，私たちはソーシャルワーカーをはじめ，各職種が学校を訪問するなどして連携を図っています。しかし一方で，子どもたちが日々通う放課後等デイサービス事業所を訪問することは，これまではほとんど行なってきませんでした。子どもと保護者 - 関係機関をつなぐさらなる支援の可能性も考えていきたいと思います。

6. 地域療育センターでの小学校連携の実践

地域療育センターと教育機関（学校）との連携は，学齢期の子どもの地域生活支援にとってとても重要です。それは，一方的なコンサルテーションによる技術援助ではなく，家族と学校（教員）が有機的に連携して当該児童の学校生活の質の向上をめざすために行われるものです。日常の学校生活は児童（生徒）と教員で過ごしていますので，そこに療育的＝発達支援的な発想や技術をワンポイントとして生かせるように伝えることが地域療育センター，児童発達支援の役割です。

（1）学校支援（機関連携）を開始する際の留意点について

1）学校に伝える個人情報の内容（範囲）について家族と確認すること

学校支援は家族（できれば本人）のニーズに基づいて行うものです。地域療育センターや児童発達支援事業所など医療・福祉相談機関が持つ個人情報を家族は学校に伝えていない，知られたくない場合があります。そのため，連携支援の前に家族と確認することが必要です。

2）実現可能な内容を提案すること

学校の方針，教員の思いなどを否定するものではなく，よりよく児童が過ごしやすくなるための助言を行い，実現不可能な取り組みや教員の負担が大きくなることは提案しません。ともすると，教育に対する児童発達支援の関わりは「上から目線」と思われても仕方がない形になったり，学校現場では実現不可能なもので教員だけでなく児童にとって役に立たないどころか邪魔になってしまう場合もあります。現場で接する教員の思いや従来の取り組みを承認して，実現可能な提案に努めます。

3）児童（生徒）が通う学校の「環境」に作用するように助言をしていくこと

児童の「環境」には物理的なもの，人的なものがあります。教員の人格ややり方の改善という視点ではなく，あくまで発達特性を持つ児童が過ごしやすい「環境」を整備するという点から助言を行います。

連携のきっかけとしては，学校から保護者に対して，児童の学習が積み重なっていかない，子どもたち同士のトラブルが多く大きなケガをしてしまう，教室から出てしまう，という学校の生活（クラス内の環境や授業内容）について，発達支援の視点からの意見が欲しいという話があることから始まることが多いです。

特別支援学級には感情のコントロールやコミュニケーションの苦手さがあるお子さんが在籍しており，年齢，身体・発達状況，疾患等に合わせた適切な教育が必要となります。児童の在籍人数が多い特別支援学級の場合，高学年になるにつれて担任の先生や友だちとの関係構築が難しくなることや授業（集団活動）に参加できなくなってしまうという現象が起こりえます。

（2）学校訪問の実施に際して

学校を訪問する際には，主に次の点に着目して状況を把握します。

1）教室環境の分析

日課が分かりやすく示されているか，集中しやすい環境か，整理整頓，物の置き場所，所定の位置に片付けられているか，使っていない物がそのまま置かれていたりしないかなど，刺激となる「環境情報」について検討します。

2）児童の様子

支援対象の児童の様子に加えて，他に着席すべき場面でも落ち着きなく歩きまわっている児童がいるのか，教室から校舎外に飛び出してしまう児童がいるのかなどクラス全体の場面を見ます。

3）教員の対応

先生方の支援対象児への対応とその後の児童の行動について，また，その他の児童に対する先生方の対応とその後の児童の行動等も観察し，今後の対応方法を検討します。

（3）訪問での様子から対応策を協議

問題と考えられる行動に直接焦点を当てて改善しようとするのではなく，児童本人が「本当はこうしたい」「こうならできるのに」ということをアセスメントして提案することが重要です。そこから，児童が適切な行動・発信ができるような教室内の環境を整える必要があるのではないかと考えます。児童に不必要に刺激となるような物を取り除いたり，落ち着ける空間を確保することなどを提案します。また，家族の了解を得たうえで一人ひとりの障害特性を細かく先生方と共有し，適切な支援を積み重ねていくことの重要性を確認します。

（4）訪問による助言（コンサルテーション）について

先生方とどのような環境作りをしていく必要性があるか，どのようにすれば効果的かなどお互いにアイデアを出し合い相談します。

1）環境設定について

❶ 不必要な刺激となる物は排除し，整理整頓をする

具体的には，子どもたちの席から何が見えているのかを確認します。窓から人や車の往来が見えるようならば，カーテンを利用して見えない工夫をします。黒板に書いてあることや教室の前面の掲示物の情報量を整理し，集中や注目の妨げになる物を減らします。

また，ガタガタゆすったり，傷が気にならないように，傷んだ机や棚の修理を勧めることもあります。棚の中の教材などは，使う場合に出し入れしやすくなるように，整理して必要な物だけにします。

❷ それぞれの教室が何をする場所なのか明確にし，子どもたちに伝えること

児童の気持ちの切り替えがスムーズになるよう，見通しの持てる視覚支援を取り入れること，各教室を目的別に利用できるようにすることなど，児童が各教室において集中して活動できるように活動場所の明確化・構造化を進めます。

2）家族との情報共有

児童の家庭での様子，学校での様子，地域療育センターでの様子，それぞれについて確認し合います。その上で，どのような関わり・支援を行っていくべきか，学校内での環境設定をはじめどのような工夫を取り入れて対応していくのか，どのような目標をもって授業を行っていくのかなどを家族と共有します。また，家族も含めた児童に関係する人や機関の連携の重要性も併せて共有します。

（5）まとめ

児童一人ひとりの問題とされる障害や行動だけに焦点を当てないこと，先生方の努力だけでは解決しないことを知ってもらうこと，先生方の対応方法だけに焦点を当てないこと，の３点をポイントとして先生方と検討します。その上で，発達特性に対して児童発達支援の観点から教育環境にどのように働きかけるか，どのような接し方が効果的かなど，児童本人と家族・学校・教育委員会・地域療育センターで同じ課題と目標を共有することが重要です。

このような取り組みは，効果が表れるまでに時間がかかるため，持続して取り組んでいくことが難しいのです。しかし，必要な時に顔を合わせ，相互に小さな変化を見つけて共有しながらコツコツと丁寧に継続することができたならば，必ず変化として表れます。

コラム

学齢児グループでのウェブ会議システムを通じた活動

本文にある学齢児グループでは，令和３年（2021年）２月頃から，来所でのグループ活動が始まる前の30分間，ウェブ会議システム（以下，オンライン）を用いた活動を行なっています。来所はしないけどオンラインならいいよ，と言ってくれる子どもに参加してもらっています。オンラインの良いところは，画面と音声のオン／オフを選べることです。支援者はどちらもオンにしますが，子どもにはオンかオフを選んでもらい，音声がオフの時にはチャット機能で考えを伝えてもらいます。オンラインで何を行うのがいいかインターネットで調べながら，これまでいろいろなアナログのゲームを行なってきました。１回で終わってしまったゲームもあれば，記録的ロングランになっているゲームもあります。その中の一つに，正式名称はわかりませんが，「どっち派ゲーム」というのがあります。例えば，「沖縄に行きたい派か，北海道に行きたい派か」など，誰かがお題を出して，そのお題に対して，子どもも支援者も自分の好きな方を発表します。２つのうち好きな人が多かった派の勝ちであったり，人数が拮抗したお題を出した人が勝ちと考えたりするようですが，負けてもおそらくそんなに気にならないことにこのゲームの良さがあります。そして，結果発表後に「何でそっちの方がいいの？」と聞き合うことで，話（チャット）がはずむこともまたこのゲームの良いところです。「沖縄派なのは小さい時に沖縄に行って楽しかったから」など，子どもの体験や気持ちを聞くことで，そのお子さんのイメージが参加者の中で膨らんでくることを感じます。子どもだけでなく，支援者の今まで知らなかった意外な一面を知ることもあるので，子どもから見た支援者理解，支援者同士の交流にも役立っているようです。さすがにこのゲームを毎回行うことは，職務怠慢ではないかと後ろめたい気持ちにもなりますが，子どもたちが「どっち派ゲームをやりたい」と言ってくれる間は続けていこうと思っています。

第７章　川崎西部地域療育センターの新たな取り組み

1．保育所等訪問支援事業

（1）保育所等訪問支援事業への期待

1）事業の背景と特徴について

保育所等訪問支援事業（以下「本事業」という。）は平成24年（2012）４月に創設されたサービスで，障害児通所支援の一つです。保護者は自らのニーズをもとに受給者証を取得し児童発達支援事業所と契約してサービスを利用します。

制度化にいたる背景としては，障害のある子どもも住み慣れた地域で障害のない子どもとともに暮らす社会＝インクルーシブ社会の実現が社会的な目標となってきたことがあります。そこで，保育所等において障害のある子どもの受入れを促進していくことや，障害児通園施設等に通っていた子どもが円滑に地域の保育所等に移行できるようにすることの必要性が認識されるようになりました。本事業はこうした流れを受けて制度化された，インクルージョンの推進を目標とした新たなアウトリーチ型の事業であるということを十分に理解しておく必要があります。

本事業の特徴として，保育所や学校等の子どもの所属する集団生活の場所で行うアウトリーチ型の発達支援であることが挙げられます。これまでの巡回訪問のように子どもの所属機関（訪問先）からのニーズに基づいて実施する事業ではなく，保護者からのニーズに基づいて実施するサービスになります。また，巡回訪問では所属機関のスタッフに対する助言が中心ですが，本事業では子どもへの直接支援が中心となり，スタッフへの支援は間接的なものと位置付けられています。

2）期待される効果について

ｉ）発達上の課題は家庭や個別対応ではみえにくく，保育所等の集団場面で現れることが多いため，普段生活している集団場面で一人ひとりにあった効果的な支援や助言をすることが可能です。

ⅱ）児童発達支援センター等の配慮された環境で獲得したことが，保育所等の環境では般化しにくく不適応を起こす子どもが見られます。支援センター等の職員が子どもが所属する施設を訪問して，新しい環境に適応できるように直接支援や助言をすることで保育所等での集団適応がスムーズになることが期待できます。

iii）児童発達支援センター等から保育所等へ移行した子どもの継続した支援については，そのセンター等の判断に任され十分な対応ができなかった状況がありましたが，本事業が制度化されたことでフォローアップを実行しやすくなります。

iv）本事業を利用する子どもにとっては，センター等の職員の支援によって新しい集団への適応がしやすくなり，安心感の中で達成感や満足感，自信，自己肯定感の獲得が期待できます。また，保育所等のスタッフにとっては，こうしたアウトリーチによる専門的な児童発達支援の過程を実際に経験することで支援力を高めることに繋がります。

v）多様な障害特性を持つ子どもを受け入れる地域の保育士や教員は，その支援の困難さから自信を失い疲弊することも少なくありません。一方で保護者は児童発達支援センター等での支援と比較して不十分さを感じ，所属する保育所や学校等ではなぜできないのか，と関係性がぎくしゃくすることが起こりがちです。本事業をとおして支援センター等のスタッフがそれぞれのニーズを調整しながら関わることで，結果的に上記iv）が促され，両者の関係が信頼関係へと改善されることが期待できます。

（2）効果的に実施する上での留意点・課題

1）ニーズの把握について

本サービスを開始する前には個別支援計画書の作成が必要となりますが，その際には，子どもの発達ニーズ，保護者のニーズ，保育所等のニーズを適切に把握しておくことが重要です。子どもの発達ニーズについては，収集した情報と行動観察をとおして理解することが多くなります。言葉で表現できる子どもの場合でも本人のニーズが保護者のニーズや保育所等のニーズと異なることもあります。保護者のニーズとしては，所属する集団に安心して参加できることや，言葉やコミュニケーションなどの発達的な変化が引き出されることなどが多いでしょう。保育所等のニーズとしては，担当者の負担感を共有してもらいその解消を図りたいということや，子どもに対する障害特性の理解や個々に応じた適切な関わり方が獲得できて安定した集団生活ができるようになることなどが多いようです。

保護者と保育所等の共通のニーズとしては，子どもをめぐる両者間の何らかのトラブルを改善するために支援してほしいということもあります。

三者のニーズが大きく異なる場合には調整やすり合わせが必要になりますが，その時に重要なことは，子どもの行動観察を丁寧に行い，そこから専門的な経験に基づいた支援方針を提示することです。

2）アセスメントについて

実際に本事業を行うためには，専門性に基づく丁寧かつ適切なアセスメント力が必要になります。

はじめに，本事業を利用する子ども本人の発達状況や発達特性について適切に把握することが必要となります。これについては児童発達支援センター等で行った各種診察や評価等の情報を活用できますが，保育所等における生活実態の把握が不可欠となります。所属機関での集団参加や集団適応の様子，自由時間の過ごし方，他児や担当者とのコミュニケーションなどについてしっかりとした行動観察等による把握が必要です。

保護者については，保育所等での生活で困っていることや心配なこと，期待していること，所属機関や担当者に対して期待していることや不安に思っていること，園の居心地や担当者・他の保護者との人間関係などさまざまな思いを把握できると良いと思います。また，家庭生活で嬉しいと感じることや困っていること・不安なこと，生活上工夫していることなども把握したい事柄です。

保育所等については，所属機関全体の受入れ姿勢，担当者の状況，クラスの規模や力を入れている課題，クラスの雰囲気・落ち着き具合，園庭や遊具，装飾や掲示物などの物理的環境など把握すべき事柄は多岐にわたります。担当者が実際に子どもをどうみているか，どのような支援を行っているか，工夫しているポイントは何か，困っていることや不安なことがあるか，保護者に対する思いなども必要でしょう。なお，これらについては事前情報が口コミ等で寄せられることもありますが，アセスメントをする支援者が先入観を持たないでしっかりと自分の目で把握することが大切です。

最後にこれらの情報をまとめ，先の１）のニーズも踏まえて本事業で行う支援の方向性，目標，方策，期間等を検討し個別支援計画に反映させていきます。この段階では訪問支援が効果的になるように，直接的に子どもを支援する内容と保育所等を間接的に支援する内容に分ける作業が必要となります。こうして作成した計画は，支援の進捗状況や子ども及び保育所等の変容状況等に応じて必要な見直しを行います。

（3）本事業と他の巡回訪問型支援の役割・使い方について

本事業の利用に際しては，保護者の申請に基づいて交付される受給者証を所持していることが前提となり，基本的に利用料の負担が発生します。一方，これ以外の巡回訪問型のサービスは保育所等からの要望に基づいて実施するもので手続き上も簡便であり，利用料も掛かりません。さらに本事業の開始が平成24年と比較的に新しい制度であるために，都市部を中心に，従来から実施していた巡回訪問型の支援を中心に実施している専門機関も多いと思われます。また，専門的な支援を希望する保育所等においても，施設全体で直接職員に対して支援を受けることを目的に，これまでどおりの巡回訪問を希望する声が多いという状況もあります。こうした背景も含め，当センターでは，本事業を本格的に実施する上で必要となる職員体制を確保するための予算的な課題からこれまでどおりの巡回訪問支援を中心に行っており，本事業で支援を行っているのは数人という現状にあります。

今後の方向性としては，本事業と巡回訪問型支援それぞれのメリットとデメリットを踏まえて，目の前にいる子どもを中心においた時にどちらの支援が適しているか，効果的かを判断していくことが必要と考えます。従来の巡回訪問型は年に１回から数回の訪問が一般的であり回数的に少なく，所属機関や担当者を対象に生活環境の改善やクラス運営で工夫すべき内容などの間接的な助言が支援の中心となります。また，訪問時には複数の子どもたちを観察対象とすることが一般的です。一方，本事業は２週間に１回程度の支援が一定期間継続的に実施され，内容的には子どもの生活している環境の中で直接子どもに働きかけたり，子どもが意欲的に取組める活動を不要な刺激を排除した環境で実施したりすることもできます。（保護者と保育所等との三者による事前協議が重要で，これがうまくできるかが鍵となります。）また，子どもの状況に応じて，本事業から従来の巡回訪問に移行したり，逆に巡回訪問の実施後に本事業に移行したりするなど，目の前にいる子どもにはどちらの支援が有効かを丁寧に検討していくことが必要となります。

（4）まとめに代えて

本事業はインクルージョンの実現を主たる目的として制度化されたものです。保育所や幼稚園，学校等の生活場面に入り込んで行うアウトリーチ型の発達支援事業であり，身近な住み慣れた地域で安心して生活できるようにと保護者の申請に基づいて実施される障害児通所支援の一つです。

専門機関としては子どもと保護者の権利保障として実施される事業であることを理解し，煩雑な事務処理や多方面にわたる連絡調整に要する負担を乗り越える取組みが求められていることを再確認することが必要と考えます。また，これまでどおりの巡回訪問のメリットを生かしてその支援内容の充実を図ることも課題です。さらに，現実的にはそうした支援を行える人材の確保と養成がまさに喫緊の大きな課題となっています。その上で，本事業を効果的に運用できるよう職員体制の充実に向けた要望を行政に対して行うことや，保育所等が本事業に対する理解を適切に得られるように十分な情報提供・説明を行うことも専門機関の役割であると考えています。

【参考】 保育所等訪問支援の効果的な実施を 図るための手引書　平成29年３月　一般社団法人 全国児童発達支援協議会

2．居宅訪問型児童発達支援事業の取り組みについて

（1）居宅訪問型児童発達支援事業とは

居宅訪問型児童発達支援事業は，2018年（平成30年）４月の障害者総合支援法および児童福祉法の一部改正において新たに創設された児童発達支援サービスです。重度の障害等により，児童発達支援，医療型児童発達支援又は放課後等デイサービスを受けるために外出することが著しく困難な児童等の居宅を訪問し，日常生活における基本的な動作の指導，知識技能の付与，集団生活へ適応するための訓練及びその他必要な支援を行います。

（2）病院を退院し，居宅訪問型児童発達支援がはじまり，通所に繋がるまで

当センターの取り組み

新生児医療の進歩に伴い，新生児集中治療室（NICU）を退院した後，医療的ケアを受けながら自宅で生活する子どもが増えています。退院して自宅での生活が始まると，本来は医師や看護師が実施する医療的ケアを家族が医療従事者の指導を受けて手技を習得し，実施します。退院して間もない時期の保護者は不安な気持ちでいっぱいなため「自分たちと子どもが医療を行いながら自宅で生きていくこと」だけを考えて過ごすことになるでしょう。24時間365日，自分たちで子どもの体調を観察し，対応することが求められます。そのような時期に子どもの成長・発達を感じ，それを喜ぶ気持ちと体の余裕を持てないことが多いと思います。支援者は，保護者の不安を受けとめながら，寄り添っていくことが求められます。そこで，療育センターの理学療法士，作業療法士，看護師は，病院の主治医や訪問看護ステーションの看護師と連携を図りながら，子どもの体調管理や呼吸機能の維持，体位変換，身体機能の維持・改善，食べる機能の評価・改善などリハビリテーションを中心にした「生きるための」「生活するための」支援から始めます。リハビリテーションでの関わりを進めていく中で，子どもの持つコミュニケーション能力や身体機能，楽しめる関わりなど子どもの持っている力やその変化に保護者が気づき，楽しめるように促していきます。子どもの笑顔を見ることで，保護者にも笑顔が見られるようになってきます。

子どもの全身状態や家庭生活が安定してくると，①遊びの幅を拡げること ②集団療育への参加の準備をすることを目的に，保育士・児童指導員が支援者として加わります。姿勢保持を理学療法士が行い，保育士・児童指導員が遊びを提供します。また，作業療法士が子どもの持つ上肢機能を保育士・児童指導員に説明しながら，一緒に制作遊びを行うなど，遊びを通して子どもの持つ力を引き出します。こうして多くの大人に見守られながら子どもが成長・発達する姿を確認できることは，保護者の喜びにもつながります。

子どもの全身状態が安定することが前提とはなりますが，保護者が子どもの持ついろいろな力を確認できると，家庭の中だけでの生活から世界を広げて，医療型児童発達支援センターへの通所を具体的に考えられるようになってきます。通所するためには，乗り越えなければならないいくつかの「壁」があります。子ども・保護者を中心とした支援者のチームが「壁」を乗り越えていけるように支援を継続します。子どもは他の子どもたちがいる中で楽しむことができると，さらなる成長・発達を促されます。また，さらに多くの支援者に出会うことは，成長・発達にとても大きな要素になっていきます。

（3）支援の実際

1）訪問支援が始まって

令和２年９月より，３歳・Kさん（女児）の支援を開始しました。居宅訪問は，主任保育士を中心に，作業療法士，理学療法士，看護師，ソーシャルワーカー，保育士で調整し，２名体制で２週に１度の頻度で行いました。

支援内容としては，医療型児童発達支援センター（通園）での支援経験をもとに，子どもの興

写真1　椅子に座って，パネルシアター等を見る

写真2　スヌーズレンの様子

写真3　好きなキャラクターのシール貼り

写真4　仮装して，テレワークをしているお父さんに飴をもらいに行く

味関心に合わせて，楽しめる活動を柔軟に取り入れました。

支援開始当初は，Kさんの表情は硬く，「ダメ」や「イヤ」と言うばかりでした。遊びを試みても，Kさんは保護者に助けを求め，保護者と一緒に参加することが多くなりました。保護者から，自宅ではNHKの『おかあさんといっしょ』や『いないいないばあっ！』を観ているとの情報を聞き，馴染みのあるキャラクターを利用して興味を引けるように工夫を考えました（**写真1**）。また，スヌーズレン[注3]には笑顔で興味を持って参加できていたため，好きなキャラクターやスヌーズレンのプログラムを展開するようにしました（**写真2**）。Kさんの興味関心に合う活動がわかってきたことで，意欲や参加の仕方に変化が現れ，自分から手を出してきたり覗き込んで期待する様子が見られるようになりました。

支援者としては，遊びを通して，お子さんが楽しめて達成感を得られるように，また保護者が自分たちでもやってみようと思えるようなプログラム立てをするよう心がけています。例えば，好きなキャラクターを使ったシール貼りをしたり（**写真3**），お絵かきをしたりしています。天気の良い時には，保護者と相談して近くの公園まで散歩に行くこともありました。医療的ケアが

注3）スヌーズレン：さまざまな器材を用いて視覚・聴覚・触覚・嗅覚などを心地よく刺激する多重感覚環境を創出して，興味ある活動を引き出したり，あるいはリラックスを促す活動（姉崎 2013）。

あるために外出がおっくうになってしまう保護者にとっては，一緒に外出することで家庭の中から世界を拡げるきっかけにもなったようです。また，テレワークをしているお父さんの所に仮装して飴をもらいに行くなど，ご家族にも手伝っていただき，みんなで見守っていく療育を目指しました（**写真４**）。

２）オンラインの活用による支援

支援開始当初は，保護者とともに令和３年４月から医療型児童発達支援センター（通園３歳児クラス週２日）に通うことを予定していました。しかし，新型コロナウィルス感染症の流行に伴い，基礎疾患のあるＫさんが感染や重症化を避けることを優先的に考える必要が生じました。保護者との話合いを重ねて，通所開始を延期し居宅訪問支援を継続することにしました。２度目の緊急事態宣言が始まった令和３年１月からは，さらに慎重に対応することとして自宅への訪問支援も中止しました。支援のピンチではありましたが，これまで月に２回程度の訪問によってＫさんとの関係性が構築されつつあったこと，Ｋさんやご家族が訪問を楽しみにしてくれていたこともあり，継続できる方法としてオンラインで支援をすることにしました（**写真５**）。

オンラインでの支援を開始すると，さまざまな難しい事柄が浮かび上がってきました。訪問支援の際には，Ｋさんの表情に加えて息づかいや体の動きなど全身状態を感じて確認しながら進めていました。しかしオンラインの画面越しになると，Ｋさんの状態を把握しながら進めることに難しさがありました。Ｋさんの反応が分かりにくいため，双方向のやりとりをすることが困難になりました。また，訪問時にはＫさんが実際に見たり・聞いたり・触れて操作をするなど五感を動員して遊ぶことが多かったので，五感を使うことに制限があるオンラインでは，遊びの拡がりを目指す難しさがありました。

その一方でメリットも見えてきました。自宅に訪問していた時には，たくさんの教材の準備や往復の移動に時間を必要としました。オンラインになると通園クラスで使っている教材をそのまま使用することができるようになり，準備にかかる時間が短くなりました。移動時間もなくなり，訪問で月に２回程度だった頻度をオンラインで毎週行うことにしました。回数が増えたことでＫさんの経験が積み重なった面もありました。

Ｋさんには人とやり取りができる強みがありますが，一方通行になりがちなオンライン支援に

写真５　オンラインで支援を行っているスタッフ

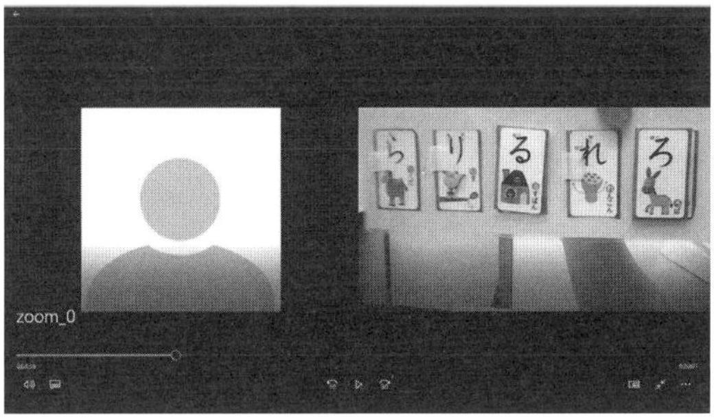

写真6　画面越しに指差して，教材遊びをする

おいて，その強みをどのように引き出したらよいか悩みながらの日々でした。そのころ，保護者からKさんが最近YouTubeを見て楽しむことが増えてきたと聞き，好きなキャラクターを使った「見る遊び」を中心に支援を組み立てることにしました。Kさんが受け身的な参加になったとしても，自身が楽しいと感じられれば，画面を通してでもやり取りが促せると考えたのです。やってみると，Kさんは徐々に画面越しにでもスタッフの問いかけに答えてくれるようになり，やり取りができるという強みを生かした支援が実用的になっていきました。

次に，認知面へのアプローチができないかと考えました。Kさんは聞かれたことの名称が分からなくても，指を差して答えることができます。スタッフの問いかけに対して答えを画面越しに指差ししてもらい，保護者に合っているかを判断してもらうようにしました（**写真6**）。この遊びにより，絵合わせや動物の名称など分かることが増え，楽しんでやり取りができるようになりました。

3）緊急事態宣言が明けてから

緊急事態宣言下で感染予防に最大の注意を払う必要がある期間は，オンラインでの支援を継続しました。宣言が解除された後はオンラインの支援を徐々に訪問支援に戻していき，週1回の頻度を継続しました。上述したように，オンラインと訪問の支援では方法やねらいが異なります。オンラインではやりとりを中心に興味を拡げたり知識を増やしたりすることをねらいにしました。訪問ではやりとりを基に感覚刺激の働きかけをしながら，操作性の向上と遊びや経験の幅を拡げることをねらいとしてさまざまな遊びを提供しました。週1回のコンスタントな支援を継続することでスタッフにも慣れ，照れや拒否なくやり取りができるようにもなりました。

居宅訪問型児童発達支援を開始して1年たったころには，Kさんの発語は増え，自分の思いを伝えられるようになってきました。次の段階として，同年代の友達を意識して過ごしたり，ルールのある集団の中で過ごす「医療型児童発達支援センター＝通園施設への移行」をはかり，自己の確立や社会的なルールを学んでいく段階にもきていると考えるようになりました。

4）医療型児童発達支援センターに繋がるまで

通園施設に移行するためには，新型コロナウイルス感染症への注意に加えて，医療的ケアを想定した具体的な移動・通園方法の検討が必要となりました。Kさんは気管内の吸引が頻回に必要です。外出する際には保護者が医療的ケアの道具を持ち運びする必要があり，長時間の外出となると持ち物はさらに増えることになります。

医療的ケア児の交通手段の確保や支援スタッフの配置について，学齢児であれば利用できる福祉サービスもありますが，幼児期にこのサービスは原則として利用できません。福祉制度の利用が難しいことが幼児期に通園することへの障壁の一つになっています。

近年，さまざまな背景で自家用車を保有することが難しくなる中，医療的ケア児が地域で生活する上では，家庭に車がないと生活しづらい状況があります。家族が病院や施設へ通うために敢えて車の免許を取ることもありますし，免許と自家用車があれば問題が解決するわけではありません。自家用車での移動が可能であれば荷物を運ぶ人手はなくても平気ですが，気管内の吸引が頻回な場合は，信号で車を停める度に吸引をしなければならないこともあり，保護者は運転に集中できず危険を伴います。

Kさんの家庭では，病院などの医療機関を受診する際は，特例で『通院等介助』制度を利用し，介助のヘルパーさんを一人つけて，多くの荷物を運んでもらっています。この制度では通院はできても，児童発達支援センターへの通園方法としては利用ができませんでした。そのため，ソーシャルワーカーが区役所に掛け合い，保護者と区の担当者との面談を経て，通院等介助の『等』に通園する事由を組み込み，介助ヘルパーの利用ができるようになりました。Aさんと保護者の例は幼児期の福祉制度をよりよく使えるものにしていく上で参考になると思います。

Kさんは，その後医療型児童発達支援センターの親子通園（親子で通園し日中を過ごす）を経て，単独通園（保護者は送迎のみ行い，子どもは先生や友達と過ごす）を行っています。さまざまな経験と関わりの積み重ねの中でできることも増えてきました。また，スタッフに積極的に話しかけたり，友達への意識が高まり通園での出来事を帰宅後に保護者に報告したりする姿も見られています。

（4）居宅訪問型児童発達支援を通じて

居宅訪問型児童発達支援事業は，医療的ケアが必要でありながら何らかの理由で通所できない子どもたちにとって，支援の幅を拡げQOLを向上させる制度です。また，保護者にとっても子どもの可能性を見出し，育児の視野を拡げ生活の目線を家庭内から地域へ拡げていくことができる支援となります。

子どもの成長・発達を促していくためには，ライフステージに合わせた支援が必要です。主たる支援者もライフステージによってバトンを渡しながら変わっていきます。子どもと保護者が豊かに生活できるよう，チームとして関わり，お互いの専門性を生かしつつ，支援者の連携を進めていくことが居宅訪問型児童発達支援には必要です。

家族に子どもが加わることでライフスタイルは大きく変わります。特に医療的ケアを必要とする子どもの場合，あらゆる家族の生活が子ども中心にならざるを得なくなるのが現状です。長期入院後に病院から家庭へと生活の拠点が変わることで，我が子の顔色やモニターの数値と向き合い，不安でも心配でも逃げ出したくても逃げ出せない，目の前にいる命と向き合う医療従事者の顔となった保護者（特にお母さん）。昼夜問わず睡眠不足の状態や孤独と戦い，ただただ先の見えないトンネルを進む保護者。そんな保護者の孤独や不安を少しでも減らし，先を照らす光となれるのもまた，居宅訪問型児童発達支援の力なのではないかと思います。

コラム

居宅訪問型児童発達支援を利用したＫさんの保護者より

現在４歳の娘は，令和２年８月頃から令和３年11月末まで，居宅訪問型児童発達支援を利用させていただきました。

娘は生後４カ月の時に脊髄性筋萎縮症１型の診断を受けました。進行性の筋力低下のため，リハビリで療育センターに行くことはありましたが，特に２歳半までは高熱や頻回の吸引，嘔吐もよくあり，外出することが困難でした。また気管支炎や無気肺になり何度も入院する事になりそのため病院の受診以外はずっとお家で過ごしていました。

そんな中，ソーシャルワーカーさんから３歳児からの通園のご案内をしていただきました。娘が親以外の人と遊べたら良いなぁと思いましたが，家族も主治医も通園はまだ難しいと反対意見が多く，残念でしたがお断り致しました。

その際に，同じ病気の子が居宅訪問型児童発達支援を利用しているのをブログで見たことがあったので，何となくソーシャルワーカーさんに伺うと，こちらではやっていないとの事でしたので，それなら無理だなと諦めていました。しかしその後，話を通していただき娘がセンターでの一人目という事で居宅訪問型児童発達支援をして頂けることになり，とても嬉しく思いました。人見知りで慣れない人に会うと固まって声も出さなくなってしまう娘でしたので，少しの不安と，家族以外の人との関わりで成長を感じることができるといいなという期待と楽しみができました。

初めは緊張から表情や反応も少ない事が多かったですが，スヌーズレンを最後にしてもらうと，とても良い表情になり毎回楽しみにしていました。ペットボトルでのボーリングのような遊びや，ハロウィーンの時はキャンディを作って仮装して遊んだり，クリスマスはハンドベルを演奏していただいたり，私と二人ではできない体験をたくさんしていただきとても楽しく過ごせました。できないこと，分からない時には嫌になってしまう時もありましたが，それ以上に真剣な表情で集中して取り組む姿，褒めてもらい嬉しそうにする娘を見ることができました。徐々に言葉も増え，何をやりたいかなど自分の意思も伝えられるようになりました。療育の日の夜には「キラキラ楽しかった」，「先生とくるくるぽん楽しかった」，など感想を娘から話すようになり，親子の会話にも変化がありこの１年で成長をとても実感しています。新型コロナウィルスの流行でリモートでの療育の時は画面越しでも最後まで飽きないように，内容を工夫していただき，週に１回携帯で先生に会えるのが娘の楽しみになっていました。

私と二人ではできなかった遊びや学びを娘にさせることができ，何より人見知りだった娘が先生のことを好きになり，毎回楽しく過ごせた事がとても嬉しく思っています。また週１回の療育がある事で，娘の少し心配なことなど先生に相談することもできました。悩みの解消と娘の成長を安心して見守ることができ，先生には感謝の気持ちでいっぱいです。

最後に，居宅訪問型児童発達支援をするにあたりご尽力いただいた皆様に感謝申し上げます。

本当にありがとうございました。

3. 教育委員会との連携の試み――学校教員で「長期社会体験研修」を終えた研修生の視点から

私たちの施設では令和４年度と５年度に教育委員会からの依頼があり，川崎市立学校教員長期社会体験研修の受け入れを行いました。市立学校で支援教育コーディネーターなど一定の経験を持つ教員に１年間療育センターでスタッフとともに児童発達支援を体験してもらうものです。

教育委員会のねらいは，療育センターで子どもたちが受けている支援を教員が研修しそれを学校に持ち帰ることで一人一人の子どもの支援や学校運営に役立てることです。

療育センターは教育と連携して，第４章にある児童発達支援センターを利用している子どもたちの小学校への引継ぎや，第６章の療育センタースタッフによる学校訪問を行っています。この機会に研修の教員からは学校教育現場で起こっている情報を聞いたり，就学に不安を持つ保護者にスタッフとともに話をしてもらうなど，療育センターとスタッフにとってもありがたい機会になりました。

今後児童発達支援のスタッフと学校の教員が互いの現場・考え方を知り，それぞれが尊重し合い，今まで以上に子どもたちに役立つ支援を行う仲間となるようにしていきたいものです。

１年間の研修を終えた教諭が手記を寄せてくれました。子どもたちやスタッフとの出来事から感じたこと，学校と療育センターの連携から感じたこと，今後の提言について書かれています。発達支援に関わるスタッフにとっても新鮮な視点に満ちています。どうぞお読みください。

(1) ミッキークラスの仲間たち

１週間の中で水・木曜日は，通園課（児童発達支援センター）での療育研修です。午前９時，広いプレイルームに通園課の全スタッフが輪になって座り，ミーティングが始まります。内容は通園バスの乗車担当当番や，時間帯ごとにクラスに応援に入るスタッフの予定，子どもの出欠状況などの確認と打合せです。毎回この流れで一日が始まります。

まずは他害が多いＡちゃんのお話です。最初に入ったクラスは子どもが８人いました。初日に，２人の担任から，「噛む」ことがある子がいると知らされました。どの子かな？と思っていると，いきなり噛まれました！　「あ，この子だ」と知ることになりました。Ａちゃんでした。その「噛まれた」痛みは「噛ませてしまった自分の至らなさ」の痛恨の痛みでした。「ごめんね。噛ませてしまって。私が悪いんだよ。もう，噛ませないからね！」とＡちゃんの可愛い目をのぞき込んで誓いました。

『その時』が来たのは，帰りの会の時でした。他の子と同じ様に，着席していたＡちゃんと目が合いました。私は「いまだ！　噛んでくる！」と直感し，腕をずらし，Ａちゃんとの間に距離をとりました。空振りしたＡちゃんと目が合いました。私はＡちゃんと心が通じあえたように感じました。その後，バスに乗る前に，トイレでおむつを替えて，ズボンを上げながら，Ａちゃんに「ありがとう，明日も来てね。」と話しかけました。「にーいっ」とＡちゃんの表情が変わりました。

次は，言葉がまだ出ないＢちゃんのお話です。ある日，順番に「ブランコに乗る活動」をした時のことです。Ｂちゃんの順番が来た時に，クラス担任がＢちゃんの顔写真のカードを見せながら，名前を呼びました。しかし，なんの反応もありませんでした。担任はＢちゃんに近づいて活動を促しました。私はＢちゃんには，自分の写真や自分の名前（音声言語）が自分と認識されてないのではないか？と漠然と考えました。その日の夕方，担任が「Ｍさん（私の名前），Ｂちゃんは自分のマークを見れば，自分のことだと分かる可能性があります。明日は，Ｂちゃんの名前を呼んでＢちゃんのマークのカードを見せてみましょう。」と，提案してくれました。はたして翌日，別の活動で順番が来た時に，担任は，名前を呼ぶと共にマークを見せました。「パッ」とＢちゃんは体を動かし，椅子から立ち上がり活動場所へと移動しました。自分の順番に動けたのです。

Ｂちゃんの小さな背中，Ｂちゃんを見守る担任の眼差しが，私の目の奥に焼き付きました。療育とはこういう事なのか，と心から思いました。担任は子どもの動きを一つ一つよく観察しています。その行動が生じた状況を観察すると同時に，評価しながら療育を行う担任は凄い！と思いました。

続いてお話が上手なＣちゃんのお話です。それは，自由遊びの時でした。集中して遊ぶ子どもを見ていると「Ｍさん（私の名前）！」「○・○・○・さん？」と可愛い声が聞こえてきました。その声の方を向くと困った表情のＣちゃんがいました。「どうしたの？」と問うと「これを直してください。」とおもちゃを両手で持ち上げて見せています。Ｃちゃんは年度初めの４月からお話が「上手」でした。その「上手」をもう少し正確に言うと，単に言葉を知っていて，答えが一つだけのクイズのような質問には答えられる，という感じでした。状況に応じて臨機応変で適切な応答をする姿は見たことがありませんでした。以前は，マイペースで他の子を押しのけて使いたいおもちゃを強引に使っていた子，上手くいかないとおもちゃを乱暴に放り出していた子がＣちゃんでした。

なぜ行動が変わったのでしょうか，それはＣちゃんの担任たちは私を「Ｍさん」「○・○・○さん」と，どんな時にも丁寧な言葉で呼んでいました。Ｃちゃんは担任が私を呼ぶ姿をよく見て，よく聞いていて，担任と同じように丁寧に呼んでくれたのでしょう。支援の対象である子ども・保護者へはもちろんのこと同じ職場で働く人が相互に尊敬に基づき信頼関係をつくる，その姿を子どもは，全身で感じているのでしょう。

最後は思い通りにならないと癇癪を起すＤちゃんの話です。小集団における指導では同じクラス内でも言葉を持つ子，持たない子が混在しています。そのような中で，子どもたちの中に仲間という意識は生まれるのだろうかと思い始めていた５月下旬の事でした。給食の後，遊戯室での自由遊びをしていた時，後から合流してきたＤちゃんがしくしく泣いて入ってきてドサリとエバーマットの上に横たわりました。他の子には他児への関心が薄いこともあり，Ｄちゃんの様子が視野に入っていないようでした。私はなんだかＤちゃんのシクシクが寂しそうに思えて，とっさに私も「みんな，ねんねだよぉ〜!!」言いながらＤちゃんの隣にドサリと寝ころびました。すると遊戯室にいた同じクラスの子どもたちが，みんなわらわらと駆け寄ってきて，エバーマットにそれぞれ寝ころんで，ねんねをしたのです！　私は「みんなで，ねんねはいい気持だね」と言って，みんなで寝ころんでいました。心地よい一体感でした。担任の先生たちは，「最良の支援」を目指してたゆまず働いているのです。「凄いなぁ」と思いました。担任たちとみんなでとても幸せな時間を過ごさせてもらいました。

(2) この子の将来をともに語りつつ

金曜日は理学療法（以下 PT）の見学です。その日，理学療法士（以下 PT）はセラピーに来た高校生のEさんを抱えてバギーから下ろしました。後から保護者が，装具を腕いっぱいに抱えて入室してきました。PT はEさんの身体をマットの上に横たえ「さあ，始めますよ」と声をかけ，ゆっくりと筋肉や関節に手を当てて温め，緩め，動かしていきます。すると，おもむろに「検査に行ってきました」とお母さまが話し始めました。Eさんは，首を左右に動かして自分を挟むように向き合って話しているお母様と PT の様子を見上げています。Eさんの疾患は，身体の成長にともなって身体形状の変化が生じ，身体各部への負荷は増えていきます。そこで，成長に合わせてより快適に日常生活を送るための方法として，「手術を受ける」ことで，姿勢保持がしやすくなり，日常生活の質を上げるという選択肢もあるのです。保護者はその手術を受けるかどうかを迷っているのです。手術にはデメリットも伴うからです。

私は，この川崎西部地域療育センターで研修するまでは，「身体の成長は喜びをもたらす」という考えで生きてきました。しかし，利用者の保護者は，Eさんのお母様のように，常に子どもの成長の過程で「どうやって快適に日常生活をおくるか。そのためにどんな手段を講じるか」という問題に向き合い，選択と決断を繰り返していることを知りました。

PT が「最近のその種の手術方法の主流は○○ですね」「その術式で有名な先生は，□□さんで，△△という方法ですね」と，お母様に情報を伝えます。お母様からも「その手術を受けた高校生のJさんのママは，姿勢保持が楽になった。だけど，日常生活の動作が前より大変で…と言っていて悩みます」と経験者から聞いた情報に率直な気持ちをのせて PT に投げかける。「そうだよね。その通りかもしれないね。JさんとEさんが全く同じようになるか？そうだよって言えないしね」と PT は言います。「わかる，わかる。そうよね」と言いながら，お母様はEさんの動きを見つめ続けます。このように，当たり前ですが医学的処置は同じでも経過には個人差が生じます。常にケースバイケースだということも再確認しました。

PT は，決して意見や情報を押し付けるのではなく，まるでお母様と自分の間にあるテーブルの上に，情報を丁寧に一つ一つ置くように話します。お母さまが，そのテーブルの上から「これがいい・これにしよう」と思ったものがあれば，手に取り，Eさんとお母さまが PT と共にこれからを考えるための手がかりとするのだろうなと思いました。「家族の選んだ道が正しい」というセンターの支援方針を垣間見ました。

PT は，セラピーを中断せず，話しながらも流れるように行って終了しました。「これからも，そのことについて情報を集めてみますね」と，話しながら PT はEさんを両腕で抱え，バギーに乗せました。その言葉を受けてお母様が優しく微笑んでいました。

(3) お待ちしていました！　支援学校を訪問し，先生方大歓迎の訪問で感じた事

その日は，いきなり梅雨明けが宣言された日でした。私は PT について，小高い丘の上にある特別支援学校へ「6月地域療育医事相談」に同行しました。特別支援学校に在籍する療育センターを利用している子どもたちを対象に，学校環境や生活を見て環境の整備も含め，教諭に助言することが目的です。作業療法士（OT）も合流し授業参観が始まりました。学校の担任が「この場合は，どのようにしたらいいのですか？」「いつもは，このようにしていますが，もっといい方法はないですか？」と率直な問いを向けてきました。PT は，その問いに丁寧に答えながら，実際に支援を行っては「こんな，感じで」と担任の先生を促します。「よしっ！」と気合を入れて，担任たちは支援の実技に取り組みます。一生懸命でとても熱心です。しかし，何かが違います。PT にしてもらう時は，穏やかな表情の子どもが，担任が同じようにやろうとした時，表情をゆがめたり，固くしたりするのです。言葉で言うなら，PT の手は，ぴたりと子どもたちの体に吸い付くように充てられているのです。その手の流れるような動きによって子どもたちの体がスムーズに動くのです。衝撃的でした。

訪問した療育センタースタッフは観察後の所見と助言をその場で担任に伝え，最終的に支援教育コーディネーターと情報共有を行いました。その中で，教員たちの思いに関して見えたことがありました。同じ学校でも担任とコーディネーターの要望が一致しない時があるという事でした。支援教育コーディネーターの要望は保護者の意向と重なることが多いようでした。支援学校と小学校という違いがあっても同じ事が起こるのだなと感じました。支援教育コーディネーターをしていた自分の反省になりますが，「子どもの実態と，親の要望と，担任が目指す支援」を現場の担当者が調整していくのが本来のあるべき姿だと思います。現場で子どもの課題解決や成長への支援を最上位に考え，その上で連携を深めるのが大事だと強く再確認しました。

また，訪問する PT，OT は，子どもと共に学校生活を毎日見ていることはできません。現場の先生やコーディネーターに聞かれたことに専門的に的確な助言をしても，果たしてそのやり方がベストかどうかは不確かであるということを話されていました。地域支援活動の担当スタッフは，子どもにとって，担当教師にとって本当に必要な助言は何かを常に模索しています。その，専門職として最善の支援を追求する意識の高さをも再確認しました。

(4) 地域療育への未来への願い　共に　道なきところに道を

地域療育センターの強みは何でしょうか。それは1にも2にも「発達障害」を持つ子どもと保護者への支援ノウハウを持っている事，そして子どもや保護者からの厚い熱い信頼を得ている事だと思います。私は，療育センターの強みをお借りできたらいいなぁ，と思っていることがあります。それは，市立小中学校に設置された特別支援学級へ支援技術の指導を通じ市立学校の支援級の体制をより良くしていく事です。

例えば，就学前後の子どもの引継ぎや，必要に応じてリアルタイムの情報共有やカンファレンスを行う事，また，研修や連携を通じた人材交流による学び合いを行っていくことを進めていけたらよいと思っています。

現在，市立小中学校は，どの子にもわかりやすい授業・環境づくりに取り組んでいます。市立小学校に入学してきた子どもと保護者が，療育センターという整った環境で学び育ててきた力を土台に，学びを積み重ねていくことができるように信頼関係を作り，一人ひとりに合った教育プランを創造していきたいと思います。

最後になりますが，この川崎西部地域療育センターの研修初日，センター施設の廊下を始め館内のすべての場所で，スタッフが，利用者をお名前で呼んで関わっている場面を思い出します。その親しみある眼差し，関わりによって館内が温かい空気で満たされているように感じました。その初日の印象は１年たっても変わりません。「子どもが愛情深く育つことのお手伝いをすること」という共通認識が体現されている証だと思っています。このセンターにいると，近い将来，見守りを必要とする子どもたちの情報を地域全体で共有する仕組みを創り，18歳まで地域で包括的にその情報を活用しながら教育サービスを受けられる可能性を感じます。その，子どもたちがのびのびと個性を生かしつつ成長し，安心して生活できる社会となれば素晴らしいと思います。「青い鳥」が掲げる『道なきところに道を』に共鳴し「川崎市」が共に取り組んでいく関係が，これからもしっかりと続いていくことを期待しています。

4. 医療機関との連携

読者の方は，福祉関係，医療関係ほかさまざまな立場から児童発達支援に関わっていることでしょう。

本節では，医療の立場から児童発達支援にできることと課題を記します。また，当センターにおける福祉・医療連携の実践を紹介します。

（1）医療にできること

１章で触れましたが，「発達支援」は旧来の「療育」から拡がった概念です。「療育」は「治療をしながら教育をする」が語源です。発達支援の対象は必ずしも医学的な診断や治療が必要な子どもたちだけではありません。今では乳幼児健診をはじめとする母子保健システムから連続的な子どもたちが健やかに育っていくための生活支援，それを支えるための家族支援，環境支援が含まれます。

「病める場から生きる場としての医療」という言葉もあります。政府は令和４（2021）年に「成育医療基本方針」を閣議決定しました。そこでは子どものこころの問題は喫緊の課題であること，子どもの発達特性やバイオ・サイコ・ソーシャル（身体的・精神的・社会的）な観点をふまえて行政，教育，民間団体等による多職種の連携を通じ，乳幼児期から思春期に至るまでの継続した支援を行うことが重要であるとしています。

年代順にみていきます。幼児期に子どもの育てにくさを感じている養育者を，かかりつけ医や健診事業を通じて関係機関が連携して適切な支援者につなげることにより子どもの健やかな成長発達が促され，養育者の不安軽減をはかることを目指します。それは養育者の孤立から生じる不適切養育を予防することにもなります。さらに学童期・思春期以降に生じる子どもの学習面の課題，自分自身で心身の健康を維持できるようにすること，性的な理解の学びについても関係機関が連携して支援を行うことを目指すとしています。

日本小児科学会では「将来の小児科医への提言2018（2016年版改訂）」として「コミュニティ」（地域へアウトリーチし，多職種協働によってコミュニティが持つ子どもたちの養育機能を向上させる），「学術研究」（社会学的な視点を持ち，学問としての「小児科学」の興隆を目指す），「小児医療提供体制」（多様性と協働をテーマに，すべての小児科医と子どもたちに関わるすべてのひとを応援する）の３点を提言しています。小児科医は診療所からアウトリーチし，多職種と協働することにより，地域が子どもを育てる力を高めることに貢献できる立場にあります。アウトリーチや連携は医師の重要なスキルとなり，仕事の一部と認識されつつあります。一方，現状ではそのための時間と経済面が保証されるシステムにはなっていません。多職種から成るチームで，医療に社会的な視点を取り入れた研究を行い，医療と教育や福祉との連携が，子どもたちの発達成長や過ごしやすい地域にするために有効かつ必要なものであることを発信し，公的なシステムになるように行政に働きかけることも大切です。さらに小児科医は多職種チームの中で，その高度な専門性によって地域において子どものみならず多職種をエンパワーメント，応援することも求められています。このように，地域のかかりつけ小児科医も地域における子どもたちの発達支援の一翼を担うことが期待されています。

発達支援における医療機関の一般的な役割を表に示します（**表１**）。

発達障害そのものが医療的に治癒できるものではありません。また，多くの医師が子どもの生

表１　医療機関が担う役割

① 診断および診断書・意見書・指示書など各方面への支援の指示や要請

② リハビリテーションの専門家や心理士・ソーシャルワーカーによるアセスメントや支援方針の検討

③ 薬物療法や心理療法，医学的リハビリテーションなど専門的介入の実施　など

④ 心身面に課題がある子どもに，医療的に身体へアプローチすることで，改善の糸口になることもある

表２　医療機関の立場の違い

#　施設の特性

① 発達支援専門機関（多職種がいて，地域における発達支援の軸となりえる）

② 大学病院・子ども病院・地域の総合病院など（身体疾患の治療，地域連携の軸になりえる）

③ 地域のクリニック・在宅医（幼少期から関わっている身近な施設として健康維持の軸となりえる。）

#　医師の専門性

① 小児科か精神科か（相互に重なる点は多いが，考え方や枠組みに違いがある）

② 小児科や精神科の中でも，児童の支援にどの程度専門性があるかは施設により大きく異なる。

活をつぶさに見ながら支援の指示を出す立場にはありません。そのため，家族や教育保育のスタッフらとのチームの一員として，子どもの発達と生活について医療的な助言を行うことになります。また，診療を行う医療機関にもさまざまな立場があり（**表2**），役割は異なります。

医療機関は学校や幼稚園・保育園，児童発達支援事業所と知り合い，必要な時にはつなぎたいというニーズがあります。児童発達支援事業所のスタッフは，地域で行われる子どもに対する連携会議に参加したり，行政機関の保健師や障害福祉の窓口とつながっておくことで，医療機関の状況や情報が入ることがあります。子どもたちの生活に根差した発達支援や行動面へのアプローチを行うことを仕事にする児童発達支援事業所と医療機関ができれば顔見知りの関係になり，互いの役割や限界を知っておくとよいでしょう。

医療機関としては，連携によって診断を伝えた後の支援が連なり，豊かになることを期待しています。

医療機関には他施設との連携に関わるスタッフが少なく，地域に医療と福祉，教育のつなぎ役になる人がいて，医療機関も声をかけてもらえると連携は機能しやすくなります。地域の自治体ではつなぎ役の育成が急務で，川崎市でも医療支援コーディネーターの育成が進んでいます。

（2）地域医療から発達支援を考える

ここでは発達支援専門機関としての医療機関と，地域のクリニックを中心とする医療機関に分けて，現状と課題を述べていきます。

医療スタッフのいる専門機関には，公的な地域療育センターや公立病院，数は少ないながらも発達支援・診療を標榜しているクリニックなどがあります。

これらの機関には医師をはじめ，看護師，言語聴覚士，作業療法士，理学療法士，心理士などのコメディカルスタッフや，地域資源利用の専門家であるソーシャルワーカーがいることがあります。

発達支援は発熱や風邪症状など他の「病気」の治療とは異なり，治すことをめざす考え方（医療モデル）は馴染みません。子どもたちが発達の特性を持ちながら，その人なりの社会への参加を探る考え方（社会モデル）が重要です。受診する人も，医療者も旧来の医療型モデルを強く持ちすぎると，利用者にとって終わりの見えない苦しい支援になります。

発達障害の概念が一般に知られるにつれて，今までは気が付かれていなかった発達特性を意識する人が増えています。それが不安になり，相談対象になることが周知されたことで受診のニーズが新たに掘り起こされ，全国的に相談数，診察数が激増しています。一方で，診察やアセスメントに時間がかかること，この分野に関わる医師や専門スタッフが少ないこととのミスマッチが生じています。今や子どもたちの10人に１人が何らかの発達に課題を抱える，コモンディジーズともいえる時代です。医療の専門機関に加えて地域のクリニックが障害福祉，特別支援教育などの社会資源と広くつながって，多くの人に対応できるように，地域に合った体制の構築が必要になっています。そこから各地で地域の小児科や精神科クリニックを巻き込んだネットワークづくりが行われています。

地域のクリニックの現状に目を向けてみます。乳幼児健診や予防接種などを通じて，医師と保護者が子どもの発達特性を話題にすることがあります。保護者にとりクリニックの医師は幼少期から子どもや家族の様子を知っている話しやすい存在のことが多いものです。

前に書きましたが，地域の小児科医には発達支援や学校や地域へのアウトリーチが求められています。実際に診療の中心を「治療」から「予防や健やかな成長発達の支援」にシフトして，発達支援に意欲を持っている医師も増えています。

地域クリニックの医師が発達支援に取り組むにあたる課題としては，医師は診療で多忙で発達支援にはとても時間がかかることが挙げられます。さらに，医師以外のスタッフが少ないため連携に携わることができない，発達支援や診断の根拠の一つとなる検査やアセスメントを行いにくいこともあります。支援には時間を要するにも拘らず，診療報酬に反映されにくい現状もあります。

医師が行動科学などをあまり学んできていないことも支援に一歩踏み出しにくい要因だと思います。これまでの医学教育は病気を診断して治療するという医療モデルそのものでした。生活習慣の改善や行動の変容にどう関わるかを学ぶ機会が少なく，具体的な助言に慣れていない面もあると考えられます。

このように，地域のクリニックは専門医療機関や児童発達支援機関とつながって役割を補完し合えると，ゲートキーパーとして大きな役割を果たすことができると考えました。そこで企画したのが当施設の「Dr セミナー」になります。

(3) 当センター（専門機関）と地域医療機関との連携の実際

ここでは「川崎西部地域療育センター Dr セミナー」の実践を紹介します。

1）実施の背景と目的

当センターは神奈川県川崎市宮前区，多摩区で発達に課題がある子どもたちを支援する民設民営の施設として平成22年に新たに開設されました。それ以前は川崎市が療育センターを運営し，相談支援機能，障害児通園施設機能・外来療育機能を持つ施設でした。当センターには新たに常勤医師のいる診療所機能が併設されました。10年以上たち，利用者数は開設当初の想定を大幅に上回っています。当地域では毎年の出生数と初診数から計算すると，地域の子どもたちの約８人に１人が地域療育センターを受診していることになります。相談支援や医師の診察を受けるまでの時間が長期化してきています。そこで，地域クリニックの Dr と平時から連携を図り，発達支援に携わってもらう範囲を広げてもらう必要性が高まりました。

また，地域クリニックの Dr も治療から予防・支援という流れの中で，発達支援に関わりたいが自分たちはどこまで診たらいいか，どう関わったらいいかわからない，というニーズが増していました。そこで，地域で活動している医療機関を対象に「Dr セミナー」を開催しました。セミナーのねらいは，平時からのつながりをつくること，療育センターが行っていること知ってもらうこと，療育センターと地域の Dr の互いのニーズや期待を共有すること，発達支援についての学びの場とすることとしました。

2）参加対象

- 宮前区，多摩区，麻生区の子どもを診療するDr（小児科，精神科，総合診療ほか，110人へ案内を郵送）
- 当センタースタッフ（非常勤Dr，コメディカルスタッフ，ソーシャルワーカー等）
- 川崎市内他療育センターの医師，コメディカルスタッフ等

3）Drセミナーを開催して

夜の時間帯にも関わらず，地域の医師10人程度を含む毎回20〜70人の参加がありました。オンラインではありましたがアイスブレークに始まり，顔の見える相互のやりとりになるよう工夫して運営しました。

当初のねらいについて振り返ると，セミナーの後に地域の医師から直接の相談がしやすくなり，適切な形の紹介が増えました。また，同施設内の他職種や他施設の職員との知識の共有や関わりやすい雰囲気の醸成にもつながりました。セミナー後に参加した医師にアンケートと直接のヒアリングを行い，相互のニーズを確認する機会ともなりました。参加した医師からは，区の乳幼児健診で要経過観察・要精査と評価した子どもたちを療育センターにつなげた後の経過が不透明な

表3　川崎西部地域療育センター　Drセミナーのテーマ

第１期　令和３年１月〜２月　夜19時〜20時30分　オンライン　全５回

１回目	・言葉の遅れの支援（言語聴覚士）
	・乳幼児期の支援（センター長　小児精神科医）
２回目	・小児科と教育・福祉の連携（外部講師　発達支援専門の小児科医）
	・所属施設での集団生活と連携（地域支援課長　ソーシャルワーカー）
３回目	・コロナ禍のこどものこころ（外部講師　児童精神科医）
	・ゲーム依存・ひきこもりへの支援（センター長　小児精神科医）
４回目	・一般の小児科でできる発達支援（外部講師　小児科医）
	・診断の伝え方とその後の支援（センター長　小児精神科医）
５回目	・通園での療育（通園課園長　児童指導員）
	・振り返り（センター長　小児精神科医）

第２期　令和３年９月〜10月　夜19時〜20時30分　オンライン　全３回

１回目	#　テーマ「５歳児　就学をめぐって」
	・ソーシャルワーカーの立場から　（ソーシャルワーカー）
	・集団場面による療育の立場から（通園課園長　児童指導員）
	・個別支援を行う立場から（臨床心理士）
２回目	#　テーマ「発達へ　身体からのアプローチ」
	・身体を動かすことが楽しくなる療育や関りを目指して（理学療法士）
	・ASDのお子さんの体の使い方，DCDについて（外部講師　作業療法士）
３回目	#　テーマ「学齢児〜思春期・青年期　発達特性のある子への関り」
	発達障害を持つ子に学校でできること，個別にできること（臨床心理士）
	・ちょっと発達が気になる人の思春期・青年期以降の生活（外部講師　ソーシャルワーカー）
	・小児科医がこころを診るということ　（センター長　小児精神科医）

ことや，市の医師会が５歳児検診をバージョンアップしたことに伴い，あらためて発達支援を学びたいという声が聞かれました。こうしてつながりができたことで，例えば定期的に地域療育センターで薬を処方している子どもの状態が安定してきた場合に，平時はかかりつけ医に処方も含めてフォローしてもらえるようなシステム作りの協議を進めています。

5. 児童発達支援事業所等との連携の充実をめざして

（1）障害児通所サービス事業所の現状

近年，障害児通所サービスの事業所数が増加しており，当センターの近隣地域においても児童発達支援事業所や放課後等デイサービス事業所が次々に設立され運営されています。**表４**は川崎市内で運営している障害児通所サービス事業所の令和４年（2022）度の施設数です。当センターの担当地域の宮前区及び多摩区においても多くの事業所が設置されています。そこで，このような状況の中で地域療育センターの機能を活かしてできる取り組みを検討した結果，療育専門講座の実施に至ったものです。

（2）「療育専門講座」の実施

１）開催の目的

当センター（診療所機能を有する多機能型児童発達支援センター）の役割の一つとして，支援を必要とする児童とその家族が地域で安定して安心に生活できるための地域貢献があります。そこで当センターが有する各種専門職（＝小児精神科医師・ソーシャルワーカー・理学療法士・作業療法士・言語聴覚士・臨床心理士・看護師・保育士）の持つ専門性を活かした取り組みを検討しました。その結果，近隣地域で事業を運営している児童発達支援事業所及び放課後等デイサービス事業所の職員の方々の支援力の向上に資する研修会を行い，もってサービスを利用する児童とその家族の福祉の増進に寄与することを目的として，「療育専門講座」を実施することにしました。

表４　川崎市内の障害児適所サービス事業所数（障害福祉情報サービスかながわ　2022.4.1付）

	川崎区	幸区	中原区	高津区	宮前区	多摩区	麻生区	川崎市計
児童発達支援事業所	29(3)	20(1)	22(2)	23	15(3)	25(1)	15(2)	149(12)
医療型児童発達支援事業所	1(1)		1(1)		1(1)		1(1)	4 (4)
放課後等デイサービス事業所	32	29	35	25	23	27	21	192
保育所等訪問支援事業所	5(1)	0	2(1)	3	1(1)	2	2(1)	15 (4)
居宅訪問型児童発達支援事業所	1(1)				1(1)			2 (2)

注：(　) は地域療育センターが運営している事業所数の内訳

2）療育専門講座の位置付け

初回の令和元年（2019）度から，国の地域生活支援事業実施要綱 - 別記18「任意事業-（4）児童発達支援センター等の機能強化等」に基づく事業として実施しています。

3）療育専門講座の概要

① 参加対象者：児童発達支援事業所・放課後等デイサービス事業所に勤務する職員
② 対象地区：川崎市高津区・宮前区・多摩区・麻生区内の事業所　約100事業所
③ 実施回数：年間１回，３～４日間のコース
④ 講師：基本的に当センターの内部職員が担当
⑤ 参加費：基本的に無料。制作物等の材料費は実費負担

表５　年度別療育講座の内容

年	回	日　程	テーマ	講　師
令和1年度	1	11月14日	1　障害の違いによる特性の理解と支援 ①自閉症スペクトラム，② ADHD，③肢体不自由 2　幼児期の遊びと療育①	作業療法士
	2	11月28日	1　幼児期の遊びと療育② 2　困っていることの Q&A ① 3　各事業所～おすすめ活動紹介	
	3	12月12日	1　学齢期の活動と支援 2　困っていることの Q&A ②	
令和2年度	1	11月26日	色々な遊びの紹介とその治療的応用	作業療法士
	2	12月 3日	一人ひとりに合わせた支援～小集団活動での構造化～	通園課園長
	3	12月10日	ことばの発達と読み書きの学習について	言語聴覚士
令和3年度	1	1月27日	発達が気になる子どもたちへ 身体を動かすことが楽しくなる関わり方	理学療法士
	2	2月 3日	① 子ども中心。利用者中心の支援を考える ② 分かり易く，安心して，居心地よく過ごすために	臨床心理士
	3	2月10日	アセスメントのコツ～集団の中で適切に構造化・個別化された支援を行うために～	通園課園長
	4	2月17日	就学相談・事業所と学校との連携	特別支援教育センター 指導主事

４）研修会の内容

初年度は当センターに所属するベテランの作業療法士を講師として実施しました。２年目以降は多職種が連携して講師を担当しています。３年目では特に教育委員会の特別支援教育センター指導主事を講師に迎え，学校と放課後等デイサービス事業所間の理解を促進することもねらいの一つとしました。この３年間の研修内容は**表５**のとおりです。

５）療育専門講座を通しての考察（令和２年度の参加者アンケート結果から）

❶ 参加者の経験年数から

表６は，参加者の現在の事業所での経験年数をまとめたものです。参加した児童発達支援管理責任者のほぼ半数が１年未満，その他の職種でも３年未満の人がほぼ半数でした。

このことから，当センターとしては地域で増加している通所サービス事業所で経験年数の浅い職員の学びに対する支援の重要性を認識して，今後の事業の組み立てを考える必要があると思います。

❷ 希望する講師の職種から

表７は希望する講師を尋ねた結果をまとめたものです。当初は発達障害の診断や見立て，また地域との連携を深めることにニーズがあると予想し，医師やソーシャルワーカーを講師として考えていました。しかし，多くの職種に対して専門的な研修講師としてのニーズがあることが確認できました。その理由としては，多くの事業所が多様な特性を持つ児童を受け入れて，それぞれに合う多角的なアプローチを学びたいというニーズがあると考えられます。

このことから，地域療育センターではすべての職種が研修講師を担う役割を認識し，実践できる資質の獲得を目指したいと考えています。各職種のスタッフにとっても，自分の行っていることをまとめ外部に伝えることを通じた成長の機会になります。

表６　参加者の職種別経験年数（令和２年度）

	１年未満	１年以上 ３年未満	３年以上 ５年未満	５年以上 10年未満	10年以上	計
児童発達支援管理責任者	5	3	1	2		11
児童指導員	9	6	5	8	1	29
保育士	1	1	3	1	1	7
心理職			1	1		2
作業療法士			2			2
看護師					1	1
計	15	10	12	12	3	52
割合	48%		23%	29%		100%

表７　講師として希望する職種

心理職	10	保育士・児童指導員	6	保護者	3
言語聴覚士	10	看護師・保健師	4	当事者	2
作業療法士	9	ソーシャルワーカー	4	その他	1
理学療法士	7	医師	3		

表8　学校との関係について（回答18施設）

現在の関係性	施設数	割合
送迎時に情報共有している	15	83%
在籍校と会議を実施している	5	28%
送迎以外特に関係はない	2	11%

表9　在籍校との関係について

今後の関係	施設数	割合
今のままでよい	3	17%
関係を強めたい	12	67%
簡略化したい	1	6%
分からない	2	11%

❸ 学校との関係について（放課後等デイサービス事業所18施設の状況から）

表8のとおり回答があった18事業所のうち，支援している児童について学校と会議を行っているのは30％未満であり，大部分は送迎時の情報共有にとどまっているという回答でした。また，**表9**に示すようにほとんどの事業所が学校との関係を今後強めたいと考えていました。

研修会で参加者から出された感想の一部を紹介します。

- もっと学校での児童の様子を詳しく知りたい。学校が，共有をしたがらない。
- 児童の人数が多く難しい所もある。保護者を通して関係を深めている場合もある。
- 事業所と学校が本人の姿や課題を相互に知り，関わり方を統一したり，支援方法や将来の目標に反映させたい。
- 連携のための時間の確保は必須と思う。学校と事業所で時間が合わない。教員の方たちも多忙。

こうしたことから，令和３年度は学校と事業所との理解が深まるように，市教育委員会特別支援教育センターの指導主事の協力を得て，両者の連携をめざした内容の講演を加えました。学校と事業所がそれぞれの役割と環境を理解したうえで，必要な連携を図る努力の積み重ねが求められており，当センターとしてできることをさらに拡充していきたいと考えます。

❹ 研修会の開催方法について

令和２年度は会場とオンライン参加のハイブリッド形式，令和３年度はオンライン参加形式のみで実施しました。オンライン形式について次のような意見が聞かれました。

- 会場への移動の時間が省かれて，送迎に影響なく，助かった。
- 直前まで業務ができ，終了後もすぐに業務に戻れる。
- 複数の職員が参加することができた。

新型コロナウィルス感染拡大予防対策として選択したオンライン研修でしたが，事業所職員の勤務体制や業務内容を考えると，もっと早期から積極的にオンラインを活用できたらよかったと振り返っています。対面参加が効果的な研修テーマと，オンラインが効果的なテーマを吟味しつつ，役に立つ研修会を多くの人に届く形式で実施できるように検討を続けます。

参加者から次回以降に希望する研修テーマを聞いたところ，次のような意見が出されました。

- 正しい姿勢を獲得するためにできること，運動療育について，など
- 子どもが気持ちや思いを言語化して表現できるようにするためのアプローチの方法
- 愛着障害，応用行動分析，アセスメント手法（特に読み書き数字の領域）
- 発達心理段階に合わせたアプローチ，障害や特性に合わせたアプローチ
- 視覚的支援や構造化について，詳しく知りたい

- 家族支援について，発達検査について，医量的ケア児の発達を促す遊びについて
- 他業種（医療機関や学校など）との連携について

（3）障害児通所サービス事業所とのさらなる連携の充実をめざして

今後の当地域療育センター（＝児童発達支援センター）の方向性について，国の障害児通所支援の在り方に関する検討会による「障害児通所支援の在り方に関する検討会報告書―すべての子どもの豊かな未来を目指して―令和３年10月20日」を踏まえて考察を加えます。

この報告書で「４．児童発達支援センターの在り方について　１）児童発達支援センターの中核機能の在り方について（検討の方向性）」で指摘された事項の中で，特に次の記載が今後努力すべき方向性であると考えています。そこで，市内の他の３か所の地域療育センター及び行政とも協議を重ね協力しながら進めていくことを考えています。

② 地域の障害児通所支援事業所に対するスーパーバイズ・コンサルテーション機能
　地域の児童発達支援事業所・放課後等デイサービス事業所に対し，専門性の高い支援を必要とする障害児（及び家族）の支援に関して，アセスメントや個別支援計画の作成，具体的支援方法等に関する専門的な助言を行うこと。
③ 地域のインクルージョン推進の中核としての機能
　地域におけるインクルーシブな子育て支援を推進するため，「保育所等訪問支援」として，保育所・幼稚園や放課後児童クラブ，児童養護施設等（以下「保育所等」）に対する障害児（及び家族）の支援に関する専門的支援・助言を行うこと。

※ ③について，当センターでは受給者証を要しない巡回訪問という手法で主に関係機関への支援を行っています。当面，保育所等訪問支援と巡回訪問の二つの手法を併用することが現実的と考えています。

○ 障害児通所支援の現状として，地域の中で，一つ一つの児童発達支援事業所・放課後等デイサービスの事業所が，非連続な「点」としてそれぞれ独自に支援を行っており，障害のある子どもの発達支援を行う地域資源としての全体像が把握されず，多様な支援ニーズを有する障害児と各事業所とのコーディネートが適切になされていないという課題がある。児童発達支援センターがこうした役割・機能を総合的に果たすことによって，地域資源が「面」として把握・コーディネートされ重層的に地域の体制が整備されていくことが望まれる。

文　献

姉崎弘（2013）わが国におけるスヌーズレン教育の導入の意義と展開．特殊教育学研究＝The Japanese journal of special education 日本特殊教育学会 51(4), 369-379

さいごに　児童発達支援のこれから

1．子どもが自分で選択・決定できるように

児童発達支援では，主体である子どもと家族がここに至った過程やこれまでの生活に思いを馳せ，言葉にならない部分も含めて，その思いや願いに耳を傾けることが大切です。その願いを私たちの専門性を背景にしたフィルターに通し，アセスメントします。私たちは，アセスメントしたことや提案を子どもにも分かるように説明することに努めます。可能な限り子どもの同意や賛意を得ながら進めていく（インフォームド・コンセント，インフォームド・アセント）ことで子どもの持っている力が引き出されます。これを続けていくと，子どもたちが自分の人生を自分で意思決定・選択していくことにつながると思います。

最近では自分自身の特性や障害を研究の対象として，その研究を発信する「当事者研究」という考え方があります。チームで，ある当事者を眺めて研究することで，当事者は自分に何が起こっているのかを俯瞰することができ，周囲の見方を聞くことで自分自身への理解が深まります。また，自身についてわかったことを発信することで，さらに周囲の理解が深まり，このループができると互いを知り，思いあうことに繋がっていくのではないでしょうか。感覚の特性（感覚過敏）が多くの人と異なることにより生きにくさにつながっていることや，行動の困りごとの背景に過去のトラウマ体験が大きな影を落としており，そのような視点での支援が必要であること（トラウマ・インフォームド・ケア）も，当事者の発信によって深く分かってきました。

また，支援者が，発達特性の克服や支援という細部だけにこだわりすぎないことも大切です。発達特性は子どものごく一部の要素に過ぎないのに，支援者がその影響を過大に評価することで，他の環境要因に目が向かなくなることがあります。それを防ぐためには常にチーム内で多くの視点で観察し，それを伝えあう土壌が大切です。加えて，各支援者が現代を生きる子どもたちを取りまく課題について認識し，ある程度の対応を知っておく必要もあるでしょう。例えば，親しい人との愛着形成や生育環境でのトラウマ体験が育ちやその後に与える影響，性自認や性的指向で違和感を持って生活している子どもたちがいることなどです。発達障害にこれらの影響が重なって，周囲の理解が十分でない場合に子どもの苦しみになることがあります。すべてにおいて専門家になる必要はないですが，これらのテーマにアンテナを張って，適切な支援につなげたいものです。

2. 当事者と支援者，社会が「社会的処方」でつながる

発達支援は子どもと家族の生活支援です。生活は発達支援の場だけではなく社会のさまざまな場面で営まれます。また，発達支援は一般的な子育てや生活と地続きにあるものです。社会に情報はあふれていますが，何が有用な情報で，どこに助けになってくれる人や施設があるのか，大変分かりにくいのが現実です。

児童発達支援においては，それぞれの地域にどのような人や施設・サービスがあるのか，そしてそれら資源の得手不得手や役割を知っている人の重要性は増しています。子どもたちと家族と資源をつなげるネットワーク，つなぎ役です。つなぎ役が使うリソースは必ずしも「児童発達支援」の看板を掲げている施設だけではありません。

「社会的処方」という考え方があります。これはイギリス発で，患者の課題を解決するために，地域の活動やサービスなどの社会参加の機会を医師が「処方」することをいいます。実際に医師が社会的処方を行わないまでも，子どもと家族が社会的に孤立しないように地域資源を活用して，患者の健康やウェルビーイング（幸福で豊かであること）を向上させることを目的としています。地域資源には地域のサークルや，お店のボランティアなども含まれるかもしれません。

子どもたちの支援でつながる対象は，必ずしも「専門家」の必要はありません。子どもが生活する周りにいて力になってくれそうな人でよいのです。周りにいるそのような人を探し，ゆるやかな「支援チーム」をつくり，それが機能することで子どもたちや家族，支援者が社会で孤立しないで過ごせるようにしたいものです。この考え方は児童発達支援事業所や地域療育センターが，限られた機関だけとつながるのではなく社会に開いていくことにもつながるだろうと思います。支援する側，される側が決まってしまう関係性は自然ではありません。多様な人が入り込み関わり合って一緒に過ごす場は，子どもと家族が楽しみながら自身の可能性に気が付き，自信や有能感を持つことにもつながるでしょう。地域の連携ネットワークが成長・発展することで発達障害を「障害」たらしめている「社会の障壁」が低くなり，誰もが置いてきぼりにされない社会にしていきたいものです。

3. 新たな形や分野の力を取り入れ，生活に豊かさと楽しみを

令和２年から続くコロナ禍は，社会のあらゆる面に影響を与えています。コロナ禍の中で自分を形成するプロセスを過ごした子どもたちはどのように育つのでしょうか。

オンラインが普及したことで，移動時間なく会議や連絡をとることが可能になりました。また，映像だけ，声だけの参加も可能です。そのため，感染症に注意が必要な子どもたち，移動に困難がある子どもたちにとって，人とつながるツールとしてとても有効です。引きこもり傾向にある子どもたちも家から出ることなく自分に無理のない方法で人とつながるチャンスになるかもしれません。支援スタッフ間の連携に必要な会議や，学習会，研修会への参加もしやすくなっています。離れた場所にいる講師の話も容易に聞くことができるようになりました。

オンラインの普及に伴い，対面で接することの大切さも分かってきました。画面越しでは分からない肌が触れる感覚，かおり，味，揺れる感覚など，子どもの成長発達に重要な刺激の多くは対面でないと得られないものかもしれません。オンラインと対面の違いを十分に把握してうまく使い分けながら，感覚に働きかける，心地よさに働きかける，一緒に時間と場所を共有する，という発達支援の重要な刺激をプログラムに活かしていきたいものです。

子どもたちは，おもしろい，たのしい，悲しい，などを体験して「心が開く・動く」時に成長が促されます。したがって支援の場では，好きなことに没頭する，自分なりに参加して楽しめる経験を保証することが大切です。スポーツやアート，演劇，音楽，ゲームなどの分野と連携して支援することは，子どもの心を動かす可能性を広げてくれるでしょう。年齢の違いを越えて楽しむことができ，上達するためにやり方を工夫する学びの場になります。また，○○歳ではこれができる，できないといけない，という「当たり前（ふつう）の呪縛」を捉え直す機会にもなります。これらの場では，支援者の工夫により他の場面での障害の有無が全く関係なくなることもあります。今まではつながりが少なかった分野とのつながりは子どもや家族のためだけではなく，過ごしやすい地域づくりにもつながるものでしょう。

4．この街で生活していいんだ，と思えるように

作家の天童荒太氏は，「私も助けを求めないから，あなたも私に助けを求めないでね」という感覚を抱いている人が多いのではないかと言っています。「困った時に助けを求める権利は本来，あらゆる人にあるはずです。それなのに，声を上げるのがはばかられる社会状況に陥ってしまっている」「大事なのは，どんな傷も，まずは傷だと気付くこと。そして，痛みをお互いに認め合うことだと思うんです。『頑張れ』より『痛いよね』と言い合える関係の方が，人の支えになるのではないでしょうか」とも言っています。

児童発達支援の支援職は支援を受けていいのです。支援する側，される側は常に決まった役割ではありません。お互いさまの気持ちで，自分だけで抱えることなく周りにつなぎ，あるときは支援する側が別な時には支援されるという関係ができるとよいでしょう。当事者を近いところで直接に支援しなくても，少し離れた周りでゆるくつながり，関りを持ち続けることも支援になります。大きな災害後に，現地に行って直接に支援する人だけではなく，離れたところで災害と被災地で暮らす人のことを忘れずに自分にできることを行っていくことも一つの支援の形であることと同じです。最近では「当事者」に対して「共事者」という言葉が使われることがあります。当事者でなくても共に関心を持ち続ける人のことを言うそうです。児童発達支援は子どもや家族の周りで「共事者」として，過ごしやすい地域づくりに貢献することができるやりがいのある仕事です。これからも互いに経験や知見を発信・共有して新たな文化を作っていきましょう。

これまで川崎西部地域療育センターを利用されたみなさん，こころよくコラムに寄稿してくださったＡさん，Ｋさんのお母様に深く感謝を申し上げます。

編著者

社会福祉法人青い鳥　川崎西部地域療育センター

センター長	柴田 光規	（しばた　みつのり）
前管理課長	山口 佳宏	（やまぐち　よしひろ）
地域支援課長	大野 伸之	（おおの　のぶゆき）
地域支援課長	鈴木 豊子	（すずき　とよこ）
通園課園長	長門 展弘	（ながと　のぶひろ）
診療所	児玉 正吾	（こだま　しょうご）
	三本 哲也	（みもと　てつや）
	田岡 由佳	（たおか　ゆか）
	竹之内 晃子	（たけのうち　あきこ）
地域支援課	藤本 明國	（ふじもと　のりくに）
	渡辺 有斗	（わたなべ　ゆうと）
	鵜木幸 稲見	（うのき　さとみ）
通園課	内藤 貴司	（ないとう　たけし）

川崎市立今井小学校　　増井　千絵　（ますい　ちえ）先生

コラムに寄稿してくださった

Ａくんのお母さま

Ｋさんのお母さま

「地域で育ち，地域で暮らす」を支える発達支援
ISBN978-4-7533-1236-8

編著者
社会福祉法人青い鳥　川崎西部地域療育センター

2023年12月25日　第1刷発行

印刷・製本　(株)太平印刷社

発行所　(株)岩崎学術出版社　〒101-0062 東京都千代田区神田駿河台 3-6-1
発行者　杉田 啓三
電話 03(5577)6817　FAX 03(5577)6837